30 fiches pour réussir les épreuves sur textes

Éditions d'Organisation
Groupe Eyrolles
61, bd Saint-Germain
75240 Paris cedex 05

www.editions-organisation.com
www.editions-eyrolles.com

Marie Berchoud
Lucie Dejour
Jean-François Guédon

30 fiches pour réussir les épreuves sur textes

EYROLLES
Éditions d'Organisation

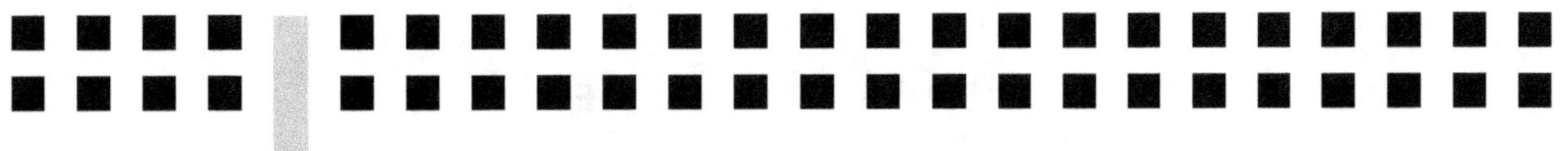

SOMMAIRE

PARTIE 3 – S'AMÉLIORER

ANNEXES

Comprendre

Pour bien se préparer, il est important de comprendre ce que sont les épreuves sur des textes, de déterminer quelles compétences sont requises de votre part, et de voir comment les acquérir ou les perfectionner. C'est ce que nous allons faire dans cette première partie.

Bien sûr, pour adapter ces données à votre cas particulier, vous devez bien connaître les conditions de l'épreuve que vous allez passer : l'école, la formation ou le concours qui la propose (ou l'impose !), avec ses domaines de références et ses thématiques préférées.

Qu'est-ce qu'une épreuve sur texte(s) ?

Une situation

Dans un examen ou un concours, à l'écrit comme à l'oral, vous allez avoir à lire un texte pour…

- l'analyser puis répondre à des questions ;
- le commenter ;
- le résumer.

Vous pouvez aussi être amené à lire plusieurs textes pour…

- les résumer ensemble ;
- en faire une note de synthèse.

Une méthode

Les épreuves sur textes sont pour la plupart d'entre elles des épreuves de culture générale, par opposition aux épreuves de spécialités (droit, mathématiques, etc.). Et si le domaine peut parfois varier, la méthode pour traiter telle ou telle épreuve reste la même : il faut…

- lire et comprendre le texte (ou les textes, le dossier) ;
- repérer l'essentiel ;
- prendre des notes ;
- synthétiser et reformuler ;
- rédiger en temps limité.

S'organiser

Ne pas oublier le temps !

Une *épreuve écrite* dure, selon les niveaux, entre 2 heures et 4 heures.

Niveau bac :

- épreuve d'analyse de texte, 2 heures ;
- épreuve d'analyse ou explication + questions, 3 heures ;
- épreuve de résumé, 3 heures.

Niveau licence-master :

- commentaire, résumé ou note de synthèse : 3 ou 4 heures.

Vous devrez apprendre à organiser votre temps, par exemple une moitié pour la préparation (lecture, prise de notes, ébauche de plan) et une moitié pour la rédaction. À mettre au point en fonction de la nature ou de la durée de chaque épreuve.

Une *épreuve orale* (commentaire) dure entre 30 minutes et 1 heure 40. Le temps imparti à l'épreuve se décompose en :

- une phase de préparation (15 ou 20 minutes à une heure) ;
- une phase de passage devant le jury (15 ou 20 minutes à 40 minutes).

Des textes

Au lycée ou dans les filières littéraires, les textes à traiter sont de littérature – française ou étrangère –, ou de philosophie :

- dans les textes littéraires, vous avez à examiner la conduite du récit, le style, la thématique, le rapport au genre littéraire de référence ;
- dans les textes philosophiques, vous devez reformuler et expliquer la pensée d'un auteur dans ses tenants et aboutissants, puis apporter un éclairage critique et des perspectives.

Mais la plupart du temps, les examens et concours comportent des épreuves dites de culture générale, sur la base de textes. Ces textes sont en général des textes d'idées et de description, d'explication sur des questions de société, tirés de la presse ou d'essais récents ; ils peuvent aussi être tirés d'ouvrages plus anciens en prise avec des questions actuelles.

On peut ainsi trouver un texte de Diderot sur l'édition, ou de Montaigne sur la rencontre des cultures.

Première rencontre avec un texte d'épreuve

Lisez ce texte, en vue de l'expliquer à quelqu'un (▶ corrigé p. 179).

La mondialisation a créé une interdépendance à la fois généralisée et non maîtrisée entre 192 États et d'innombrables acteurs multilatéraux ou non étatiques. Étant donné qu'il n'y a quasiment plus aucun problème qui ne se négocie à deux, et qu'un grand pays comme la France est engagé à tout moment dans des négociations difficiles avec des dizaines de pays ou d'organisations dans tous les domaines, notre capacité à analyser les positions des autres pays ou acteurs, à anticiper leur évolution, leurs alliances, leurs désaccords, à évaluer les possibilités de compromis, à saisir les moments opportuns, bref, à anticiper et à négocier, est donc vitale.

Hubert Védrine, *Rapport au président de la République sur la mondialisation* (extrait), août 2007.

NB : c'est nous qui soulignons dans le texte.

Réussir

La recherche documentaire

Avec le dictionnaire, bien sûr, mais aussi avec des sources plus encyclopédiques, comme les encyclopédies papier, DVD ou en ligne, telles que *Encyclopaedia Universalis* (payante mais avec des possibilités gratuites), *Encarta* (gratuite) ou *Citizendium* (dans la lignée de Wikipedia, mais plus fiable).

Les compétences nécessaires

Le point commun à toutes les épreuves sur textes, c'est la compréhension, alliée à l'expression. En d'autres termes, *je lis*, *j'analyse*, puis *je compose* ce qui m'a été demandé : un résumé, un commentaire, une réponse à des questions, une note de synthèse, etc.

De là, les deux grands domaines de compétences nécessaires pour réussir une épreuve sur texte : savoir lire et savoir s'exprimer.

Savoir vraiment lire

Savoir (vraiment) lire est en effet nécessaire pour avoir du texte une vision d'ensemble questionnante, indispensable pour repérer l'essentiel :

- Qui me parle ?
- Sur quel grand thème et pour dire quoi ?
- Dans quel cadre spatio-temporel (lieux, époque) et thématique (le sujet) ?
- Avec quel point de départ ?
- Et quelles conséquences ?
- Et moi, qu'est-ce que j'en pense, comment je me situe ?

De même, savoir (vraiment) lire est nécessaire pour faire du texte une lecture analytique et reformulée, permettant de saisir la progression du (ou des) texte(s) et de vérifier sa première approche d'ensemble :

- je reformule le thème (mots-clés) et son domaine de rattachement ;
- je saisis et formule le problème posé ;

- je repère les dates, données de temps et de lieu ;
- je repère les idées et exemples développant le thème ;
- je fais attention au point de vue de l'auteur (son ancrage social et professionnel, ses choix d'idées, ses engagements).

> **Bon à savoir**
>
> **Qu'est-ce qu'un mot-clé ?**
>
> Le mot-clé est celui qui a une importance déterminante, qui donne signification au texte, ou qui représente la substance même de la pensée de l'auteur.

Savoir s'exprimer de façon ordonnée

Il est indispensable de s'exprimer de façon ordonnée pour :

- expliquer, donner des définitions et (parfois) donner son avis (dans l'analyse) ;
- expliquer puis discuter (dans le commentaire) ;
- redire l'essentiel fidèlement mais en plus bref (dans le résumé) ;
- formuler un thème commun avec, d'un côté les ressemblances, de l'autre les différences (dans la note de synthèse de plusieurs textes).

Acquérir et perfectionner ses compétences

Pratiquer la « lecture active »

Avant même de commencer à lire, vous devez orienter votre lecture en vous demandant ce que vous cherchez dans ce texte. Adopter une posture active vous permettra de mieux vous concentrer sur votre lecture, vous devez aller de l'avant, ne pas régresser, c'est-à-dire ne pas revenir en arrière au cours de votre lecture.

Concentrez-vous autour des cinq points suivants pour rendre votre lecture active :

- être conscient de l'état présent de votre esprit ;
- être conscient de vos attentes (ou de votre désintérêt – pourquoi ?) par rapport au texte à lire (se distraire, s'informer, s'étonner…) ;
- se rendre compte des éventuelles interférences entre le texte et soi ;
- s'interroger sur le texte en tant que tel (auteur, support, contexte…) ;
- s'interroger sur les informations qu'il contient.

Utiliser tous les écrits disponibles autour de vous

La véritable culture

« La véritable culture, celle qui est utile, est toujours une synthèse entre le savoir accumulé et l'inlassable observation de la vie. » (Francesco Alberoni, *Vie publique et vie privée...*).

La lecture, l'observation et l'analyse, sont les voies royales qui vous mèneront à cette « véritable culture ».

Lisez des livres, bien sûr, mais aussi la presse (presse papier et Internet)… N'oubliez pas le slogan du journal *Le Canard Enchaîné* : « La liberté de la presse ne s'use que quand on ne s'en sert pas. »

Pour suivre l'actualité et se familiariser à la lecture de textes, il est donc important de lire très régulièrement la presse. Mais, là encore, devant la multiplicité des titres proposés par les marchands de journaux, il est nécessaire de faire un choix.

Tous d'abord, les journaux gratuits qui proposent des articles courts. Vous pourrez donc dans ces journaux repérer des sujets intéressants, que vous approfondirez dans des quotidiens payants. Vous pouvez découper les articles intéressants, et les classer dans des dossiers… à mettre à jour fréquemment.

 *Réussir*

Sélectionner les journaux

Les journaux se lisent sélectivement en fonction de vos buts. Si vous passez un concours de l'Éducation nationale, il faudra vous tenir au courant de l'actualité de l'enseignement (scolaire et universitaire). Si vous passez un concours des bibliothèques, il faudra vous renseigner sur l'actualité des bibliothèques et de l'édition. Ou encore, si vous préparez un concours du ministère du Travail, vous vous renseignerez sur l'actualité du monde du travail.

Les sources d'informations sont nombreuses et diverses. C'est pourquoi, il est primordial d'orienter son travail en fonction des différents domaines que l'on souhaite explorer.

> Choisissez dans les quotidiens et hebdomadaires les articles concernant les faits d'actualité qui touchent au domaine dans lequel vous passez votre concours.
>
> Repérez également les mensuels ou les bimensuels spécialisés qui vous apporteront des articles de fond sur certains sujets. Il ne faut pas négliger les petits éditoriaux ou billets d'actualité, les tableaux statistiques à jour ou les chiffres clés encadrés, ou encore les courriers des lecteurs, qui sont des sources gratuites et variées d'informations et de débats.

Internet et les sites des journaux en ligne peuvent également vous aider à faire votre choix, notamment entre plusieurs quotidiens.

Vous trouverez sur Internet de nombreux sites et blogs, sur des sujets précis. Qu'ils soient rédigés par des personnalités reconnues ou par des anonymes, ils peuvent vous donner des idées originales sur certains sujets.

Attention néanmoins, car on trouve de tout sur Internet, et parfois même des informations erronées. Pour certaines informations précises (dates, chiffres), mieux vaut recouper plusieurs sources et vérifier les dates de mise à jour des documents. Pour des travaux de haut niveau, il sera nécessaire de vérifier sur des sites officiels (Union européenne, Gouvernement français, Légifrance, Insee…).

 **S'organiser**

Dix règles d'or pour lire la presse mieux et plus vite

1. Sélectionnez, dans votre quotidien ou sur un site d'informations, les rubriques qui vous intéressent.
2. Sélectionnez aussi les grands thèmes clés de votre programme général et du travail particulier qui est en cours.
3. Faites de temps à autre une revue de presse plus générale, avec les principaux hebdomadaires, ou sur un point d'actualité précis, avec tous les quotidiens du jour.
4. Pensez à mettre en relation les articles entre eux, et donc les domaines entre eux (toujours le principe de pluridisciplinarité, et le nécessaire effort de synthèse). C'est un excellent entraînement aux épreuves de note administrative et note de synthèse.
5. Pour chaque article lu, ou même seulement parcouru, formulez mentalement une question d'ensemble et une affirmation de synthèse.

6. Utilisez les informations de la radio ou celles de la télévision (au petit déjeuner du matin…), et notamment les revues de presse, comme sélecteurs secondaires d'informations.

7. Si vous constituez des dossiers de presse, faites le ménage de temps à autre. Supprimez ce qui est trop vieux, dépassé, ce qui est devenu banal, évident, ou encore ce qui fait double emploi.

8. Jouez au « jeu des prévisions » : à propos d'un événement (les sondages et les pronostics en période électorale, par exemple), essayez d'imaginer son développement futur. Que l'avenir confirme ou infirme vos prévisions, c'est toujours intéressant. Vous pourrez ainsi développer votre sens de l'anticipation et de la prospective.

9. Pensez à consulter de temps à autre les « faits divers ». Leur lecture vous renseigne sur « l'état de la France et des Français ». Cette sorte de « sociologie sauvage », peut être très révélatrice et enrichissante. À prévoir notamment à l'occasion de séjours en province : lisez la presse régionale, les rubriques locales.

10. Dernier conseil : ne vous laissez pas envahir par les journaux, ni par leurs informations et opinions, ni par les soi-disant « maîtres à penser ». Vous aussi, vous pensez !

Compétence de lecture synthétique (sur un texte)

Une définition pour bien faire

En quoi consiste cette compétence ? À repérer vite et bien l'essentiel d'un texte. Il s'agit donc ici de chercher (et de trouver rapidement) : Qui ? Où ? Quand ?… Et quoi, avec quel impact ? Ou quelles conséquences ?

Cela suppose de ne pas tomber dans les pièges de certains titres ou de phrases vides ou qui promettent de l'information sans en donner.

Titre lu dans un journal gratuit : « Quoi de neuf à la rentrée ? » Finalement, après lecture attentive de l'article… rien !

Il faut donc balayer le texte des yeux (ils sont intelligents !) pour chercher :

- les mots-clés (ou chiffres clés), répétés ou reformulés plusieurs fois ;
- les dates, données de temps et données de lieux ;
- les noms propres.

Il faut le faire en étant le plus objectif possible (se méfier de sa première impression !) Et être capable de redire ce que vous avez saisi.

Les chiffres clés de la démographie

La part de l'Asie a peu varié depuis le XVIIIe siècle, passant de 65 % à 61 % de la population mondiale tandis que celle de l'Afrique augmente légèrement (passage de 11 % à 14 % dans le même temps), et celle de l'Amérique latine explose (passage de 2 à 9 % sur la même période). Enfin, la part des pays dits développés stagne.

En 2005, la France comptait 63 millions d'habitants, dont 61 en métropole, et la population mondiale passait à 6,5 milliards d'habitants.

Redire ce que nous avons lu

Sur plus de 6 milliards d'habitants en 2005, il y a 2/3 d'Asiatiques, et le reste se partage par ordre décroissant entre Afrique, Amérique et Europe.

Cette tendance est visible depuis le XVIIIe siècle.

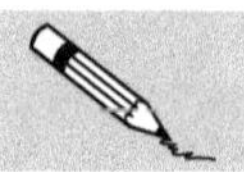

S'entraîner

C'est à vous de jouer

Dans les textes A et B ci-dessous, repérez en soulignant et en encadrant les mots-clés et données de temps/d'espace dans le texte, puis redites ce que vous avez lu (▶ corrigé p. 180).

Texte A – *Le sida*

Le sida explose en Afrique, en Chine et en Russie car les comportements à risque se sont aggravés, et les traitements n'y sont pas distribués. La maladie décime la population active et la population rejette sans soins les nombreux malades et orphelins du Sida. Souvent, la maladie se cumule avec la pauvreté, la famine, et dans de nombreux pays, l'espérance de vie globale baisse : par exemple, en Afrique australe, l'espérance de vie qui était de 62 ans en 1990, est retombée à 48 ans en 2005.

Cela engendre aussi des flux migratoires vers les villes où se trouvent les centres de soins et vers les pays du Nord.

(M. Lejeune)

Texte B – Le vieillissement de la population

Le vieillissement de la population concerne surtout les États occidentaux – et la Chine. Il soulève des interrogations sur les financement des retraites, l'augmentation des dépenses de santé et l'emploi.

L'une des solutions à la pénurie de main-d'œuvre peut se trouver dans l'immigration, mais celle-ci n'est pas toujours bien vue, à cause du chômage encore présent, notamment en Europe.

La France est le seul pays de l'Union européenne à voir sa population augmenter : depuis plusieurs décennies, la France a gagné chaque année quelque 300 000 habitants, dont les 3/4 proviennent d'un accroissement naturel de la population par les naissances excédant les décès, et 1/4 seulement du solde migratoire.

Cependant, depuis l'année 2000, plus de 20 % de la population a plus de 60 ans. Et, d'ici 2040, l'ensemble de l'Europe sera touché : par exemple, l'Allemagne, la France et l'Espagne perdront au total entre 8 et 12 millions d'habitants, et 40 % de la population aura plus de 60 ans, ce qui laisse redouter un effondrement économique. Et ce sera la même chose au Japon.

Du côté de la Chine, la chute brutale de natalité se fera sentir vers 2050, aussi les experts proposent-ils d'adopter une politique d'encouragement au deuxième enfant.

Mais les pays du Sud doivent faire face au problème inverse : il y a 40 % de jeunes de moins de 25 ans, et ils ne sont pas encadrés dans des structures sociales, éducatives et de formation professionnelle suffisantes. Si l'émigration peut être une solution, encore faut-il pouvoir former ces jeunes et c'est un grand enjeu mondial.

(M. Lejeune)

Pour conclure

Il s'agit donc de prendre une vue d'ensemble du sujet, comme si vous aviez à effectuer une photographie aérienne. L'attitude à adopter ici est celle du lecteur de journal, désireux d'avoir une vue générale, mais rapide, concernant les questions et les événements du moment. C'est une image commode, et vous pouvez très aisément en faire un exercice quotidien.

Si le texte est long, vous le lirez attentivement mais sans vous laisser distraire par les détails, sans vous arrêter aux difficultés, sans chercher autre chose que le thème principal, son fil directeur ou ses idées fondamentales.

C'est un travail d'approche. À la fin de cette lecture, vous devez être sensibilisé à la nature exacte du texte.

Réussir

Effectuer une première lecture d'ensemble, synthétique, c'est chercher à répondre aux questions de lieu et temps, de thème, de problème, de causalité et conséquences : où et quand ? Quoi ? Pourquoi, pour quoi ? Et donc ?

Compétence de lecture synthétique (sur plusieurs textes)

Une lecture « cartographique »

Que faire quand vous avez plusieurs textes à lire ? Ce peut être un dossier, petit ou grand, une note de synthèse[1]. Dans les concours des catégories B ou C, les petits dossiers pour « cas pratiques » peuvent aller de quatre pages jusqu'à huit ou dix pages. Dans les épreuves de synthèse des concours A, ou même B, les dossiers peuvent aller de vingt jusqu'à quarante ou cinquante pages (parfois même l'équivalent de soixante à cent pages dactylographiées). C'est dire que les capacités de lecture rapide deviennent alors un atout essentiel !

Lors de votre première lecture, vous devez ordonner votre dossier. En mettant en ordre les textes, vous préparez votre deuxième lecture. C'est pourquoi nous parlons de lecture « cartographique » : cette première lecture vous évitera de vous perdre dans les textes, surtout s'ils sont nombreux, divers et longs.

Pour cela :

- feuilletez le dossier en cherchant à repérer et formuler le *thème d'ensemble* et le(s) *problème(s) posé(s)* : c'est le plus grand commun dénominateur (PGCD). Notez-le, car vous devrez le vérifier, ou l'infléchir, le préciser ;

---

1. Guédon J.-F., Laborde F., *La Note de synthèse*, Éditions d'Organisation.

Sur le thème de l'évolution démographique du monde, vous pouvez distinguer ensuite les types de points de vue, les types de problèmes évoqués : par pays, par région du monde, par mise en valeur d'une catégorie de population (défense des minorités, ou défense des jeunes…).

- repérez *les catégories de texte* : texte général sur un thème, un problème, texte de presse d'actualité, texte de réflexion, texte officiel ou texte normatif (circulaire, loi…), fait divers, texte de définition, etc. Cela vous permet *de hiérarchiser* ces textes, avec les questions déjà utilisées dans la fiche précédente, pour pouvoir les classer selon leur apport dominant au sujet : Quand et où ? Quoi ? Pourquoi et pour quoi ? Et donc ?

S'entraîner

Les deux textes proposés p. 19 font partie du même dossier que ceux présentés dans la fiche précédente. Lisez-les, et pour chacun, essayez de répondre aux questions posées ci-dessus. Puis essayez de déterminer quel est le point commun entre ces deux textes et les deux textes présentés dans la fiche n° 3 : le sida, le vieillissement de la population (▶ corrigé p. 181).

Répondez aux questions suivantes, en vous reportant aux textes :

- Les textes de la fiche 3 (A et B) parlaient de l'évolution démographique ; quels étaient les pays cités ?

  Quelles étaient les dates et expressions de temps citées ?

  Quel est le problème évoqué dans ces textes ?

  Quelles en sont les conséquences ?

- Les textes de la présente fiche (textes C et D) concernent quel(s) pays ? Quand ?

  Quel est le point de vue de l'auteur du texte C (René Rémond) ?

  Quel est le point de vue de l'auteur du texte D (Caisse nationale d'assurance vieillesse) ?

- Synthèse des textes lus : dénominateur commun ? Différences ?

Texte C

Les élans de solidarité collective devant les catastrophes, la fermeté devant les provocations du terrorisme, l'acceptation des pertes qui sont la contrepartie des responsabilités assumées internationalement au service de la justice et de l'humanité ainsi qu'une certaine modération dans les changements de comportement, jusques et y compris dans la transition démographique, autorisent à croire à une spécificité française dont on peut penser qu'elle est l'expression de la sagesse acquise au cours des siècles par un vieux peuple dont l'état présent suggère qu'il n'a pas dit son dernier mot.

(René Rémond, historien)

Texte D

Il existe actuellement de nombreux transferts d'argent ou de services entre générations, qui représentent des aides. Les quinquagénaires aident leurs parents plus âgés, tandis que les jeunes retraités aisés aident leurs enfants étudiants ou en voie d'insertion sociale dans un métier, que ce soit pour un achat immobilier, ou l'installation pour le premier emploi.

Mais cette solidarité ne peut pas jouer chez les personnes les plus pauvres, car nul transfert ne peut s'effectuer quand il n'y a pas ou peu de ressources disponibles.

Au total, ces mouvements d'argent ou de services contribuent à réduire les inégalités entre générations. Les solidarités familiales renforcent donc les processus redistributifs des prestations sociales.

(Caisse nationale d'assurance vieillesse, note interne)

Bon à savoir

Un plan se découvre dès la lecture des textes ! À l'issue de cette lecture synthétique, vous avez ainsi déjà une ébauche de plan de note de synthèse :

I. Les constats (différenciés pays du Nord/du Sud)

II. Les conséquences (problématiques) : quelles solutions ?

 ## S'entraîner

Proposition d'exercice personnel

Sur une feuille, développez ce plan en deux parties, en indiquant pour chacune d'elles les points principaux que vous traiteriez (▶ corrigé p. 182).

 ## Réussir

La lecture synthétique d'un dossier de plusieurs textes a un double but :

– distinguer le thème commun aux différents textes du dossier ;

– mettre en ordre les textes à lire selon leur rapport au thème central/ selon leur nature.

Une première lecture bien faite vous aide pour toute la suite des opérations, de la lecture analytique à la prise de notes, puis au plan et à la rédaction.

Compétence de lecture analytique (sur un texte)

De la lecture d'ensemble à la lecture analytique

Après une première lecture attentive et questionnante, dite lecture synthétique, ou globale (fiche 3), il faut procéder à une lecture analytique, c'est-à-dire décomposer le texte en ses éléments essentiels, afin d'en saisir les rapports, et d'en donner un schéma d'ensemble.

Il faut souligner ici le caractère complémentaire de la démarche analytique et de la démarche synthétique. La démarche analytique décompose, « met à plat » les différents rouages et éléments d'une unité organique et cohérente. La démarche synthétique fait naître d'un assemblage plus ou moins disparate une construction rigoureuse et ordonnée.

Dans l'analyse, il s'agit de dégager les éléments du « squelette » du texte. Et la synthèse consiste à le mettre en forme en hiérarchisant les idées, de façon à éclairer le sens du texte sans le trahir.

La première lecture vous a permis de comprendre le sens général du texte. À la fin de cette opération, vous devez pouvoir…

- donner un titre explicite au texte (votre reformulation) ;
- émettre une hypothèse sur ce qu'il contient, par exemple en disant « l'auteur se situe (ici ou là), à telle époque, et me dit que… »

Il faut aussi vous poser une question sur l'auteur du texte et son action. S'il est anonyme ou inconnu, vous ne vous y attarderez pas, mais son métier, son insertion sociale ou professionnelle pourront vous aider. S'il est connu, il faudra réfléchir à ce que vous en savez et qui peut vous être utile.

La deuxième lecture, analytique...

Il s'agit à présent de relire le texte plus lentement et précisément, de le « décortiquer », pour pouvoir ensuite mettre en ordre et classer les informations recueillies durant la phase de prise de notes (fiche 7).

La lecture sera faite crayon en main : soulignez les mots-clés systématiquement (en cas de répétition, notez « R » en marge, ou tracez une flèche au crayon de l'un à l'autre). Il s'agit de confirmer le résultat de votre première lecture, tout en prenant conscience du cadre général du texte.

En ce qui concerne certaines œuvres ou certains articles de journaux polémiques, cette opération pourrait infirmer partiellement le résultat de la première lecture. Cela, par exemple, à cause d'un ton général ou de détails importants qui n'auraient pu être saisis à la première lecture. Ne vous effrayez pas de cette apparente contradiction, qui vient de la complexité même de certains textes.

L'important est de savoir relire posément jusqu'à une compréhension parfaite du sens du texte et des idées de l'auteur.

 *Réussir*

Repérez bien...

- Les *mots-clés* qui sont répétés. En principe, c'est toujours volontaire de la part de l'auteur. Mais c'est à vous de les interpréter : est-ce pour répéter, confirmer, insister ? Ou est-ce pour apporter des nuances, voire étudier des contradictions ?
- Les mots signalant *le temps ou l'espace*, les élargissements ou évolutions du thème traité. C'est-à-dire *les cadres spatio-temporels* et *les perspectives*.
- *Les références* : références culturelles, politiques, juridiques.

Décortiquons le texte ci-dessous, que nous avons déjà pu lire une fois. Nous allons maintenant nous arrêter sur les mots-clés et repérer les relations entre eux :

- redites, reformulations et mises en parallèle (par exemple le titre et le début du texte ; ou *immigration* au 2e § et *émigration* au dernier §) ;
- progression de la réflexion ou de l'argumentation (par exemple, on lit en §2 le mot *solutions*, donc il s'agit de traiter un problème ; on va voir où, §3, quand, §4 et comment, par complémentarité avec *le problème inverse* ?)

Le vieillissement de la population

<u>Le vieillissement de la population</u> concerne surtout les États occidentaux – et la Chine. Il soulève des <u>interrogations</u> sur les financement des <u>retraites</u>, l'augmentation des dépenses de <u>santé</u> et l'<u>emploi</u>.

L'une des <u>solutions</u> à la pénurie de main-d'œuvre peut se trouver dans l'<u>immigration</u>, mais celle-ci n'est pas toujours bien vue, à cause du chômage encore présent, notamment en Europe.

La <u>France</u> est le seul pays de l'<u>Union européenne</u> à voir sa population augmenter : depuis plusieurs décennies, la France a gagné chaque année quelque 300 000 habitants, dont les 3/4 proviennent d'un <u>accroissement</u> naturel de la population par les naissances excédant les décès, et 1/4 seulement du solde migratoire.

Cependant, depuis l'année 2000, plus <u>de 20 %</u> de la population a <u>plus de 60 ans</u>. Et, d'ici 2040, l'ensemble de l'Europe sera touché : par exemple, l'Allemagne, la France et l'Espagne <u>perdront</u> au total entre 8 et 12 millions d'<u>habitants</u>, et <u>40 %</u> de la population aura plus de 60 ans, ce qui laisse redouter un effondrement économique. Et ce sera la même chose au Japon.

Du côté de la Chine, la <u>chute</u> brutale de <u>natalité</u> se fera sentir vers 2050, aussi les experts proposent-ils d'adopter une politique d'encouragement au deuxième enfant.

Mais les <u>pays du Sud</u> doivent faire face au <u>problème inverse</u> : il y a <u>40 % de jeunes</u> de moins de 25 ans, et ils ne sont <u>pas encadrés</u> dans des structures sociales, éducatives et de formation professionnelle suffisantes. Si l'<u>émigration</u> peut être une solution, encore faut-il pouvoir former ces jeunes et c'est un grand enjeu mondial.

(M. Lejeune)

Utiliser les signes et les abréviations

Allons plus loin, pour faciliter la prise de notes ensuite, en nous aidant de symboles et d'abréviations sur le texte lu. On peut ainsi relier les dates par des flèches, les lieux aussi, et placer des = et des + dans la marge pour mettre en évidence la progression.

Signes	Significations
&	Et
1,2,3,4,5…	Un, deux, trois, quatre, cinq…
§	Paragraphe
W	Travail (symbole scientifique)
=	Égal, égale, égalent
+	Plus
-	Moins
>	Est supérieur, vaut plus
<	Est inférieur, vaut moins
/	Sur
/	Contre, en opposition à
//	Parallèlement, par rapport à
//	En continuité avec
« »	Soi-disant
« »	Guillemets pour citations
« »	Mot pris dans un sens très particulier
←	Venir de, avoir pour origine
→	Avoir pour conséquence, entraîner
↗	Augmente, accroît, développe
↘	Diminue, réduit, abaisse

Voilà, vous êtes prêts pour la prise de notes, qui va vous permettre d'aller plus loin dans la compréhension du texte. Et vous êtes mieux armés pour affronter la lecture analytique de plusieurs textes.

 *Réussir*

Une lecture analytique efficace

Une lecture analytique est une lecture de confirmation des premières hypothèses émises lors de la lecture d'ensemble. Elle se fait en soulignant mots-clés et repères, et en repérant la progression du texte, progression mémorisable par des points de repères en marge ou dans le texte même.

Compétence de lecture analytique (sur plusieurs textes)

La lecture analytique de plusieurs textes se fait selon une méthodologie commune avec la lecture analytique d'un seul texte (fiche 5). Elle doit également se faire avec la conscience de la présence des autres textes, dans la continuité de la lecture synthétique déjà effectuée (fiche 4), que nous allons compléter maintenant.

Détaillons ici les étapes et les procédures à suivre, à partir du mini-dossier que nous avons commencé à traiter.

Texte A – *Le sida*

Le sida explose en Afrique, en Chine et en Russie car les comportements à risque se sont aggravés, et les traitements n'y sont pas distribués. La maladie décime la population active et la population rejette sans soins les nombreux malades et orphelins du sida. Souvent, la maladie se cumule avec la pauvreté, la famine, et dans de nombreux pays, l'espérance de vie globale baisse : par exemple, en Afrique australe, l'espérance de vie qui était de 62 ans en 1990, est retombée à 48 ans en 2005.

Cela engendre aussi des flux migratoires vers les villes où se trouvent les centres de soins et vers les pays du Nord.

(M. Lejeune)

Texte B – *Le vieillissement de la population*

Le vieillissement de la population concerne surtout les États occidentaux – et la Chine. Il soulève des interrogations sur les financement des retraites, l'augmentation des dépenses de santé et l'emploi.

L'une des solutions à la pénurie de main-d'œuvre peut se trouver dans l'immigration, mais celle-ci n'est pas toujours bien vue, à cause du chômage encore présent, notamment en Europe.

La France est le seul pays de l'Union européenne à voir sa population augmenter : depuis plusieurs décennies, la France a gagné chaque année quelque 300 000 habitants, dont les 3/4 proviennent d'un accroissement naturel de la population par les naissances excédant les décès, et 1/4 seulement du solde migratoire.

Cependant, depuis l'année 2000, plus de 20 % de la population a plus de 60 ans. Et, d'ici 2040, l'ensemble de l'Europe sera touché : par exemple, l'Allemagne, la France et l'Espagne perdront au total entre 8 et 12 millions d'habitants, et 40 % de la population aura plus de 60 ans, ce qui laisse redouter un effondrement économique. Et ce sera la même chose au Japon.

Du côté de la Chine, la chute brutale de natalité se fera sentir vers 2050, aussi les experts proposent-ils d'adopter une politique d'encouragement au deuxième enfant.

Mais les pays du Sud doivent faire face au problème inverse : il y a 40 % de jeunes de moins de 25 ans, et ils ne sont pas encadrés dans des structures sociales, éducatives et de formation professionnelle suffisantes. Si l'émigration peut être une solution, encore faut-il pouvoir former ces jeunes et c'est un grand enjeu mondial.

(M. Lejeune)

Texte C

Les élans de solidarité collective devant les catastrophes, la fermeté devant les provocations du terrorisme, l'acceptation des pertes qui sont la contrepartie des responsabilités assumées internationalement au service de la justice et de l'humanité ainsi qu'une certaine modération dans les changements de comportement, jusques et y compris dans la transition démographique, autorisent à croire à une spécificité française dont on peut penser qu'elle est l'expression de la sagesse acquise au cours des siècles par un vieux peuple dont l'état présent suggère qu'il n'a pas dit son dernier mot.

(René Rémond, historien)

Texte D

Il existe actuellement de nombreux transferts d'argent ou de services entre générations, qui représentent des aides. Les quinquagénaires aident leurs parents plus âgés, tandis que les jeunes retraités aisés aident leurs enfants étudiants ou en voie d'insertion sociale dans un métier, que ce soit pour un achat immobilier, ou l'installation pour le premier emploi.

Mais cette solidarité ne peut pas jouer chez les personnes les plus pauvres, car nul transfert ne peut s'effectuer quand il n'y a pas ou peu de ressources disponibles.

Au total, ces mouvements d'argent ou de services contribuent à réduire les inégalités entre générations. Les solidarités familiales renforcent donc les processus redistributifs des prestations sociales.

(Caisse nationale d'assurance vieillesse, note interne)

De la lecture « cartographique » de plusieurs textes à la lecture analytique du dossier

Partez de vos acquis : vous avez formulé le thème d'ensemble et une (ou plusieurs) hypothèse(s) sur le ou les problèmes posés.

Dans notre mini-dossier (textes A, B, C et D) le thème dégagé et la problématique sont :
– la population dans le monde : évolution démographique, constats différenciés ;
– les conséquences problématiques de cette évolution.

Il faut maintenant vérifier ce premier point de vue, et préciser les données des textes qui viennent l'appuyer (ou l'infirmer).

La lecture analytique du dossier : vérifier et évaluer

Pourquoi cela ? Parce qu'il faut considérer que le but poursuivi est la production d'une note de synthèse. Celle-ci doit s'organiser autour d'un thème formulé (bien choisi), et d'une problématique située, et ensuite, détailler les éléments tirés du texte à l'appui de votre note.

• Commençons par *vérifier* le thème, texte par texte.

<u>Le texte A</u> se concentre sur une partie seulement de la population, les malades du sida, en Afrique, en Asie et en Russie. (pays dits du Sud, sauf Russie) aujourd'hui. Mais il fournit également une information globale sur l'Afrique de l'Est : la baisse de l'espérance de vie moyenne (entre 1990 et 2005). Attention, cette baisse est liée à plusieurs facteurs conjugués : maladie (dont le sida) mais aussi pauvreté, famine et migrations. Donc le titre du texte (« Le sida ») était partiel : c'est en fait un mal associé à d'autres maux.

<u>Le texte B</u> oppose pays du Nord à pays du Sud, actuellement et d'ici une génération environ : les uns connaissent le vieillissement de la population (cf. lien avec l'espérance de vie, texte A) ; les autres, le grand nombre des jeunes.

<u>Le texte C</u> parle de la France seulement, sur la longue durée et montre que l'évolution démographique s'est faite de façon mesurée (cf. texte B, la France est le seul pays qui voit sa population augmenter).

<u>Le texte D</u> est limité lui aussi à la France, en particulier la solidarité institutionnelle et familiale entre les générations ; celles-ci ne jouent toutefois que si les familles ont les moyens d'être solidaires.

Bilan : le thème est exact, mais à préciser : Nord/Sud ; aujourd'hui et demain.

• Venons-en ensuite à la *vérification du ou des problèmes* : « constats/conséquences/problématiques ».

<u>Le texte A</u> montre des populations du Sud en péril, aujourd'hui et demain : maladie (sida), absence de soins, mais aussi pauvreté et dislocation de la cohésion sociale et des solidarités. Donc, nous allons au-delà de notre première lecture qui n'abordait pas les aspects sociaux.

<u>Le texte B</u> oppose les interrogations du Nord sur l'équilibre des populations (vieillissement) et le maintien d'un bon niveau de protection sociale, et celles du Sud, touchant à l'éducation et l'insertion des jeunes (cela sera à compléter avec les informations du texte A). Donc, nous relions davantage les textes A et B, en vue de la note de synthèse.

<u>Le texte C</u> montre que la France a su résoudre ses problèmes, dont la « transition démographique » (= passage d'un mode de vie socio-économique traditionnel, à un mode de vie lié à la modernisation de l'industrie et des autres secteurs) jusqu'à présent. Mais demain ? (cf. texte B : la France en Europe)

<u>Le texte D</u>, lui aussi centré sur la France, montre que la résolution des problèmes de la succession et de la coexistence des générations n'est pas effective pour tous selon le niveau de ressources, même si le système institutionnel de solidarité joue, mais que tout n'est pas affaire d'argent (il y a aussi les services rendus). Donc ce texte nuance le texte C, et complète les textes A et B : l'émigration comme solution aux maux du Sud ? Et peut-être du Nord ?

Bilan : vous allez être amenés à revoir et préciser votre première hypothèse de plan, en particulier ses contenus, dans le respect du volume des textes du dossier : plus de focalisation sur la France et l'Europe (3/4 du texte B, textes C et D) ; à mettre en relation avec les pays du Sud, leurs maux et leurs pratiques sociales.

- Évaluons la part des différentes informations recueillies. Ainsi, nous *vérifions aussi le plan à suivre* (pour prise de notes, avant la rédaction) et nous lui donnons du corps :

Les constats : la France, l'Europe, des données et des interrogations complémentaires à celles du Sud ? Les pays développés, notamment l'Europe, abordée ici, vieillissent, avec des interrogations sur leur avenir… (texte B). Mais la France reste équilibrée, en moyenne (texte C et D). Les pays du Sud, avec des jeunes en grand nombre qui doivent être éduqués et insérés, connaissent la pauvreté, le sida non soigné (textes A et B).

Focalisation sur les problèmes et les solutions possibles :
- un rééquilibrage Nord-Sud ?
- le souci du maintien du bon niveau de protection sociale et de l'équilibre social en France et en Europe malgré le vieillissement des populations (texte B) ;
- la situation aujourd'hui en France : des réseaux de solidarité (financiers et de services) inter-générations, complétant la solidarité institutionnelle, avec un bémol concernant les familles pauvres (texte D) ; mais sur la longue durée (texte C) la France a montré déjà qu'elle a de la sagesse et sait réaliser l'équilibre ;
- les maladies et la pauvreté du Sud (texte A) peuvent-elles trouver des solutions par la migration vers le Nord ? C'est certainement insuffisant, d'autant que les pays du Nord accueilleraient plutôt des populations jeunes éduquées et compétentes. Pour les « responsabilités assumées internationalement » (texte C, cas de la France), on peut s'interroger.

Bilan : vous constatez que nous avons affiné notre lecture globale et les conséquences premières que nous en avions tirées (cf. p. 29). Nous sommes prêts pour prendre des notes en utilisant au mieux le temps imparti.

Faut-il donner son avis en commentaire ou en note de synthèse ?

La réponse est OUI, si on vous le demande, mais attention à ne pas vous lancer dans des procès ou autres imprécations !

La réponse est NON dans les autres cas. Si aucune prise de position personnelle ne vous est demandée, il faut vous en tenir à mettre en évidence les incertitudes et interrogations (présentes dans chaque texte et nées du rapprochement entre les textes). C'est déjà beaucoup…

Le commentaire est un exercice plus personnel que la note de synthèse, qui doit être « neutre ». Mais l'exigence d'objectivité sera la même dans les deux cas.

Réussir

La lecture synthétique de plusieurs textes vérifie et évalue les acquis de la 1ère lecture ; elle rééquilibre celle-ci, le cas échéant.

Elle se fait en soulignant les mots-clés, les repères, et en comprenant mieux la progression de chaque texte et ses liens (complémentaires ou d'opposition) avec les autres.

Compétence de prise de notes (sur un texte, sur plusieurs textes)

Prendre des notes, c'est quoi ?

- Prendre des notes est un moyen de représenter sous une forme personnelle, avec ses propres mots, des informations puisées dans un livre, un article ou lors d'un cours. Il s'agit d'écrire l'essentiel dans un minimum de temps.
- Prendre des notes, c'est « réduire », c'est « économiser ».
- Prendre des notes consiste à écrire l'essentiel avec un minimum de mots et ou de signes.

Réussir

Prendre des notes, sur un ou plusieurs textes, c'est nourrir le thème, la problématique et le plan déjà esquissés dans les lectures, en vue d'une rédaction la meilleure possible : bien ciblée sur les axes essentiels des textes et très précise.

Prendre des notes, pour qui ?

Vos notes sont une matière première qu'il vous faudra retravailler ensuite, et vous en êtes le seul destinataire. Vous pouvez donc inventer vous-même les codes et les signes qui vous conviendront le mieux.

À titre professionnel, vous pourrez avoir à travailler ensuite des techniques de prise de notes en équipe, et à destination de publics variés (des supérieurs hiérarchiques, des collègues, d'autres services…).

Quand prendre des notes ?

On pense surtout à cette technique dans le contexte d'un exposé oral, que ce soit un cours, une conférence ou même une émission de radio. Pourtant lorsqu'on lit, la prise de notes est un moyen d'être actif pendant la lecture. Cela permet, d'une part, une plus grande concentration au moment même de la lecture et, d'autre part, de mettre en avant et conserver des idées qui pourront être réutilisées par la suite.

Pourquoi prendre des notes ?

Quand on lit des ouvrages dans le cadre de la préparation à un concours, ou tout simplement avec l'intention de réutiliser l'information, la prise de notes permet de faire ressortir des idées essentielles. Il sera ensuite plus simple de reprendre ces informations pour la constitution de fiches (thématiques, de lecture…) et de dossiers documentaires.

Vous devez, à travers vos notes, repérer comment le texte fonctionne et comment vous allez pouvoir l'expliquer/le résumer/le commenter.

Pour y parvenir, vos notes doivent refléter la hiérarchie des idées :
- les idées essentielles, principales ;
- les idées secondaires ;
- les idées accessoires.

Ces idées peuvent être traduites dans le texte par des phrases complètes, ou simplement reflétées par des mots-clés. Ces opérations vous sont en principe facilitées par la composition du texte, et par l'emploi de locutions, de mots-charnières ou d'articulations logiques marquant les enchaînements de la pensée de l'auteur : phrases d'annonce de plan, développements complémentaires ou opposés, adverbes, locutions adverbiales ou conjonctions de coordination ou de subordination…

Toutefois, vous pouvez aussi être en présence d'un texte insuffisamment structuré, voire confus ou mal écrit (ce qui peut être le cas pour certains articles de presse, voire pour certains documents administratifs). Il vous reviendra alors d'essayer de discerner la pensée de l'auteur, et de restructurer le texte dans un ordre logique.

Repérage et mise en valeur des structures et articulations logiques

Il ne s'agit pas seulement de prendre des notes au fil de la lecture, il s'agit également de repérer la structure du texte.

Pour cela, il faudra faire attention aux « connecteurs », qui soutiennent la charpente du texte. Il peut s'agir d'indications de temps, de lieux, de connecteurs logiques. (cf. fiche 26, *Bien repérer et employer les articulations logiques*).

Lorsque le texte est lu, le repérage des articulations de l'exposé dépend des efforts de la personne qui parle à faire sentir les articulations de ses idées.

Lorsque le texte est écrit, s'attacher à *repérer* (en les encadrant, soulignant, surlignant, fléchant, numérotant…) tous les éléments manifestant explicitement la structure : mots-clés, mais aussi aspect visuel du texte (paragraphes, lignes sautées, retraits éventuels, changements typographiques, etc.)

 *S'organiser*

Quel support pour vos notes ?

Pour des notes brèves devant rester à l'intérieur du volume, vous utiliserez avec profit les fameux blocs de petites feuilles autocollantes multicolores. Vous attribuerez une couleur à chaque catégorie de notes. Par exemple jaune ou rose pour les illustrations et compléments, rouge pour les objections ou erreurs à éviter, bleu ou vert pour les prolongements, réflexions à poursuivre…

Quand les notes doivent être plus substantielles, il est plus simple pour la réutilisation des données d'utiliser une feuille volante et de n'écrire que sur le recto de la feuille.

 **S'organiser**

Présenter vos notes

Selon l'objectif et la personnalité de chacun, la prise de notes prend des formes différentes.

– Présentation « structure de plan » : cette présentation consiste à ordonner les idées selon un plan numéroté en les présentant sous forme d'énumération (titres, sous-titres). Il faut lors de la prise de note apporter une attention particulière aux articulations qui permettent de repérer les mots et phrases-clés.

– Présentation « pré-normée » : les feuilles de prise de notes comportent des cadres pré-établis pour recueillir des informations précises. C'est le cas par exemple des fiches de lectures où on cherche des informations précises (nom de l'auteur, titre de l'œuvre, etc.). Cette présentation permet de noter des informations qu'on aura définies au préalable. Quand on utilise cette méthode, on sait ce qu'on cherche avant la lecture.

– Présentation « système »[1] : il s'agit de présenter les informations sous la forme d'un schéma où l'on fera apparaître par des flèches et divers signes les relations entre elles. Cette méthode est surtout utilisée lorsqu'on est amené à réutiliser ses notes pour une présentation orale.

Prendre des notes, comment ?

Vos deux lectures successives vous ont permis de bien focaliser sur le thème et le(s) problème(s) posé(s). Elles vous ont évité de partir bille en tête (et surligneur en main !) pour crayonner tous azimuts, ce qui est en effet une illusion d'action, et non une action véritablement efficace : trop et tout sélectionner revient à brouiller la compréhension au lieu de l'épauler.

Il existe divers procédés qui permettent de prendre des notes efficacement :

– l'utilisation de signes (fiche 5) permet de remplacer un ou plusieurs mots ou expressions par des signes rapides à réaliser ;

– l'utilisation d'abréviations permet elle aussi de gagner un temps précieux ;

---

1. Pour aller plus loin, voir : Buzan T., *Mind Map – Dessine-moi l'intelligence*, Éditions d'Organisation.

– la suppression de mots ou de locutions qui ne sont pas indispensables à la compréhension (articles, verbes dont la disparition ne gêne pas la compréhension, éléments superflus ou de digression).

 *Réussir*

Il faut aérer vos notes, et il importe que la présentation soit claire et normalisée, c'est-à-dire que les repères se retrouvent au même niveau de la feuille. Car si vous ne pouvez pas vous relire, vous aurez perdu votre temps.

Quelques outils...

Abréviation	Signification
L	Ligne
Al	Alinéa
p, P	Page, partie
sP	Sous-partie
Ch	Chapitre
Gl ou Gal et Gl ou galt	Général, généralement
Tj ou tjs	Toujours
Js	Jamais
Qq	Quelques
Mm	Même
Qqch	Quelque chose
H et hu	Homme et humanité
E	Être

Abréviation	Signification
Vx	Vieux
Càd	C'est-à-dire
Bcp	Beaucoup
Ns	Nous
Vs	Vous
Tt	Tout
Pr	Pour
Av ou avt	Avant
Csq	Par conséquent
Dt	Dont
Dc	Donc
Ss	Sans
Tps	Temps

Abréviation	Signification
Lg	Long
Lgt	Longtemps
Dvt	Développement
Progt	Progressivement

Abréviation	Signification
Pb	Problème
Rdv	Rendez-vous
Gv	Gouvernement, gouverner
Nb ou nbx	Nombreux

 **Réussir**

Une fois un signe ou une abréviation choisis, leur utilisation doit toujours être la même. En effet, lorsqu'on relit ses notes plus tard, l'effort fait sur la normalisation permet de ne pas avoir de doute sur la signification d'un signe.

Compétence d'organisation de la rédaction (résumé)

Que vous demande-t-on dans un résumé ?

Repérer et redire l'essentiel d'un texte, sans dénaturer la pensée de l'auteur :

- dans un temps limité (3 heures ou 4 heures) ;
- en se conformant à des normes précises : par exemple, 1/4 ou $1/10^e$ du total des mots, selon ce que demande l'épreuve qui vous concerne.

Vous trouverez ces précisions dans la définition de l'épreuve, puis dans l'énoncé du sujet posé. C'est pourquoi nous vous recommandons de lire avec la plus grande attention les brochures relatives à chaque concours et le texte distribué au début de l'épreuve. Les instructions du jury relatives à la limitation du nombre de mots du résumé sont d'interprétation très stricte.

 *S'organiser*

La gestion du temps

La rédaction doit prendre environ le tiers du temps total qui vous est imparti.

Pour une épreuve en 4 heures, vous consacrerez :

- 15-20 minutes pour la première lecture ;
- 40 à 60 minutes pour la seconde lecture ;

– 1 heure pour la prise de notes ;

– 1 heure à 1 heure 30 pour la rédaction (y compris la relecture).

Pour une épreuve en 3 heures, ce sera :

– 15-20 minutes pour la première lecture ;

– 40 minutes pour la seconde lecture ;

– 45 minutes pour la prise de notes ;

– 1 heure à 1 heure 15 pour la rédaction (y compris la relecture).

Vous noterez la spécificité de l'épreuve de résumé : il s'agit de produire un texte très court, ce qui explique pourquoi le temps consacré à la rédaction elle-même peut être bref (beaucoup plus que dans les autres épreuves).

 *Réussir*

Résumer, c'est rédiger

Rédiger un résumé fidèle et précis consiste à bien redire l'essentiel : temps et lieux, point de vue, équilibre des idées, introduction et conclusion bien respectés, références culturelles aussi.

Mais il ne faut pas employer le « style télégraphique ». Les phrases doivent être complètes et bien liées entre elles sur le plan logique.

Faire le choix de l'essentiel

Qu'est-ce que l'essentiel ? C'est ce sans quoi le texte ne serait pas ce qu'il est :

– temps et lieux ;

– point de vue ;

– équilibre des idées ;

– introduction et conclusion ;

– références culturelles différentes.

Dans le texte B, *Le vieillissement de la population*, qu'est-ce que l'essentiel ?

Les termes soulignés et encadrés (cf. fiche 6) vous aident à le saisir…

– Temps et lieux : États Occidentaux, Chine, (§ 1 à 5), États du Sud (§ 6).
– Point de vue : les pays du Nord occupent les 4/5e du texte ; les pays du Sud alimentent une comparaison, et la complémentarité éventuelle immigration/émigration.
– Équilibre des idées, introduction/conclusion : § 1, le vieillissement des populations du Nord + Chine et ses conséquences sociales en contexte de chômage + l'immigration, une solution ? § 3, la France, singulière dans l'Europe (population qui augmente) ; § 4 et 5, perspectives en 2040, et 2050 pour la Chine ; § 6, au Sud, les problèmes inverses, explosion de la jeunesse, à éduquer et insérer, ce qui n'est pas fait ; d'où des incertitudes pour l'émigration (cf. § 1, une réponse à l'esquisse de solution).
– Références culturelles : mots et langage des pays du Nord surtout.

Être fidèle au texte et précis dans la rédaction

Pour réussir un résumé, il ne faut pas reprendre des expressions entières du texte, mais reformuler, en restant fidèle au texte. Il faut aussi faire ressortir la progression du texte, avec des mots de liaison

Dans le texte B, *Le vieillissement de la population*, la progression se fait selon un développement du thème général (§ 1), une vue plus précise sur la France en Europe aujourd'hui (§ 3), une extrapolation à une génération, 2040-2050 (§ 4 et 5), et une prise de vue sur les pays du Sud (§ 6).

On repère les mots de liaison suivants : *mais* (milieu § 2), *cependant* (§ 4), *mais* (§ 6), *si… encore* (fin § 6).

Vous pourrez rendre cette progression en exposant le problème, en nuançant le propos (« cependant »), en opposant (« mais »), et en concluant en montrant les limites des solutions possibles « si…encore ».

Bon à savoir

Réduire

Ramener un texte à une rédaction plus simple, plus condensée, moins volumineuse, et donc en principe plus abordable. Mais sans sacrifier l'importance du fond.

Dans les règlements relatifs à certains concours, on employait fréquemment l'expression « contraction de texte ».

Respecter le nombre de mots requis

En général, le nombre total de mots du texte à résumer est donné et mis en relation avec le nombre de mots requis dans votre résumé, soit exactement, soit approximativement. On vous demande ainsi : « Résumez ce texte de 890 mots à 1/4 » ou « résumez ce texte d'environ 2200 mots en 220 mots. Une marge de + ou − 10 % sera tolérée ».

Il faut donc formuler les informations successives une à une, sans répétition (même si le texte en comporte, ce qui marque l'insistance), et en phrases claires.

Il faut aussi éviter l'utilisation de mots « coûteux », tels *c'est-à-dire* (3 mots, voire 4 selon les modes de comptage), *par conséquent* (2 mots), et les remplacer par les deux points de la ponctuation (zéro mot !) ou par *donc* (cf. fiche 13, *Résumer un texte : de la méthode à l'économie de mots*).

Bon à savoir

Décompte des mots

La référence pour compter les mots est le dictionnaire : si les mots peuvent être isolés, il comptent séparément. Ainsi, *c'est-à-dire* compte pour 3 mots et *aujourd'hui* compte pour un mot.

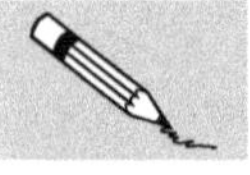

S'entraîner

Exercice proposé : contracter le texte D (▶ p. 29) de moitié

Vous devez rédiger trois petits paragraphes, comportant au total 52 mots. Après avoir effectué cette rédaction, comparez votre texte avec le corrigé que nous vous proposons (▶ p. 182).

Remarques de rédaction

On ne reprend pas les exemples, ils servent à illustrer le propos du texte.
On énonce le thème précisément.
On marque bien les liens logiques de la progression du texte.

Compétence d'organisation de la rédaction (commentaire, note de synthèse, analyse)

Dans un commentaire

Vous devez dans un premier temps expliquer le texte qui vous est soumis (ce qui suppose de l'avoir bien compris, dans les phases de lecture et de prise de notes), puis dans un second temps prendre du recul pour montrer l'intérêt et les limites de ce texte.

Vous avez alors à rédiger :

- une introduction présentant le texte, l'auteur, le thème, le problème posé et le plan que vous allez suivre ;
- une partie pour l'explication ;
- une partie pour la prise de recul (intérêt, limites) ;
- une conclusion de bilan.

Dans une note de synthèse

Vous avez à mettre en évidence le thème commun aux différents textes (cf. fiches 5, 6 et 7), puis à détailler ce thème, avec les modalités de formulation de ce qui est commun et l'approche des différences selon les textes.

Cela vous mène à rédiger :

- une introduction présentant le thème et le ou les problèmes posés, ainsi que les caractéristiques des textes du dossier, et le plan de rédaction que vous allez suivre ;
- une partie consacrée à ce qui unit et relit les textes ;
- une partie consacrée aux différences et dissonances ;
- (le cas échéant, selon la demande du sujet des propositions) ;
- une conclusion de rappel du thème et bilan.

Dans une analyse

En général, il vous sera demandé de répondre à des questions.

On distingue :

- les questions d'explication de vocabulaire, portant sur deux ou trois mots du texte ;
- la (ou les) question(s) d'explication d'une phrase du texte ; attention : il ne s'agit pas de répéter ni de paraphraser mais d'expliquer, c'est-à-dire de donner le sens des mots difficiles et donner l'information émise dans la phrase en la situant ;
- une question demandant de donner son avis (cf. deuxième partie d'un commentaire) : cet avis doit être motivé, ce ne peut être seulement l'expression d'une humeur, d'une opinion non étayée ou d'un préjugé.

Vous devez donc savoir...

- **Repérer et relier les informations du (ou des) texte(s)** : les mots-clés pour le thème et sa progression sont à souligner, les mots de liaison marquant l'opposition, la conséquence, la concession, la suite chronologique sont à encadrer ; les notations de temps et de lieux aussi (cf. fiches précédentes).
- **Expliquer un mot, un groupe de mots.** Pour cela, le dictionnaire ne saurait suffire. Il est surtout utile avant l'épreuve, pour enrichir votre vocabulaire, contrôler le sens d'un mot, chercher des synonymes et des antonymes. Pendant l'épreuve, vous devez expliquer le sens d'un mot en général, puis dans son contexte, c'est-à-dire tel qu'il est employé dans le texte. Il en va de même pour un groupe de mots, qui n'est pas forcément la somme du sens des mots qui le composent.

Faire florès ne signifie pas « fleurir », « faire des fleurs », ni même « envoyer des fleurs » (que ce soit au sens propre ou au sens figuré), mais « avoir du succès ».

Si, dans le texte D, vous devez expliquer l'expression « une spécificité française », il ne faudra pas se contenter d'expliquer ce qu'est cette particularité de comportement des Français, mais aussi montrer que le terme « spécificité » est employé au sens figuré car les Français ne sont pas une espèce, et il n'y a qu'une espèce humaine. Il faudra aussi dire en quoi consiste cette spécificité : des comportements collectifs constatables sur la longue durée : modération et fermeté, solidarité, sagesse.

- **Expliquer un paragraphe, un texte.** Pour expliquer un paragraphe, il faut déjà ne pas perdre de vue qu'il est inclus dans un texte. Il faut donc d'abord…
    - situer ce paragraphe : à quelle place est-il, pour apporter quoi ?
    - donner la teneur de l'information en répondant aux questions : quand ? Où ? Quoi ? Et alors ? (quel problème ? quelle perspective ?).

    Pour expliquer un texte, il faut évidemment, et dans la logique des lectures et de la prise de notes déjà effectuées…
    - situer ce texte (temps, espace, références culturelles, auteur) ;
    - dire son thème, sans le répéter mais en le précisant ;
    - reformuler sa progression thématique en en montrant la logique ;
    - pointer les tenants et les aboutissants (point de départ/conclusion).
- **Coordonner le point de vue de l'auteur et ses dires.** Il ne suffit pas en effet de rester « au ras du texte » (ou des textes), il faut encore affûter son attention et sa compréhension pour bien voir :
    - en quoi la position de l'auteur est en cohérence avec ses dires ;

Le texte D présente les comportements de solidarité familiaux et leurs limites, heureusement compensés par le système social de redistribution, auquel appartient l'auteur. Ce n'est pourtant pas un texte partisan, mais un texte nanti d'un point de vue, et qui se veut objectif.

- en quoi elle s'en écarte ou prend ses distances ;

Le texte D, loin de montrer que le système social pourvoit à tout, met en évidence les comportements familiaux et leurs limites.

- et quel est le résultat de cette prise de position : un texte d'opinion, de bilan, de compte rendu…

- **Repérer l'intérêt et les limites d'une argumentation.** Après vous être approché du texte pour bien l'expliquer, après l'avoir bien compris, vous ne pouvez en rester là, car vous n'auriez alors qu'une vue empathique du texte. Il faut se donner une vue plus critique, qui nourrira la seconde partie d'un commentaire, et le mode d'organisation d'une note de synthèse. Pour y parvenir considérez systématiquement :
  - les présupposés de départ du texte (idées, représentations, doctrines…) ;
  - la façon dont le problème est posé ;
  - son univers de référence ;
  - les conclusions tirées.

Dans le texte D :

- les présupposés de départ sont les liens familiaux entre générations, la famille étant perçue comme cellule de base de la société ;
- le problème est posé de façon positive, en montrant l'utilité de bonne pratique des actions de solidarité entre générations ; mais le social n'est que très partiellement mis en relation avec l'économie globale (sauf la distinction aisés/pauvres) ;
- l'univers de référence est la France, et on suppose qu'elle peut être analysée seule (au moins temporairement) ;
- les conclusions tirées sont plutôt positives : utilité des systèmes de redistribution sociaux… mais utilité aussi des compléments effectués par les familles.

Réussir

Les attentes des jurys dans les épreuves d'analyse, de commentaire et de note de synthèse se déclinent à travers des compétences globales :

- repérer l'essentiel ;
- relier les information lues entre elles ;
- bien expliquer ;
- pointer les limites et l'intérêt de chaque texte.

En maîtrisant ces compétences, vous devenez capable de rédiger un bon commentaire, une note de synthèse réussie et une analyse de texte pertinente.

Compétence de rédaction

Qu'est-ce que bien rédiger ? Une opinion commune parle d'avoir la plume facile, d'être bavard par écrit en sachant bien tourner ses propos. Mais dans le cadre d'une épreuve précise, il s'agit de tout autre chose !

Bien rédiger c'est...

- Ne pas vouloir tout dire en même temps.
- Penser au(x) lecteur(s).
- Savoir dire une chose après l'autre.
- Savoir dire complètement.
- Utiliser des exemples pour rendre le propos concret.
- Se donner un but d'ensemble, que le lecteur pourra voir (= un plan).
- Bien mettre en ordre son introduction et sa conclusion.

Bien rédiger à partir d'un ou plusieurs texte(s), c'est en plus...

- Respecter le texte en lui donnant sa place (ne pas l'oublier ni le négliger, le présenter, l'expliquer, en montrer les limites).
- Tenir sa propre place selon ce qui est demandé (cf. fiche 9).
- Ne pas mélanger les rôles (l'auteur dit/je dis).
- Et bien sûr, savoir construire des phrases cohérentes.

Savoir écrire en français

Cela n'a l'air de rien. Mais encore faut-il s'habituer à écrire sans la somme d'implicites que comporte toute conversation avec ses proches. « Tu vois c'que j'veux dire… ? » Non, à l'écrit, non personne ne voit rien.

Donc, il importe de :

- bien situer son propos (tel contexte, telle position énonciative) ;
- prendre la peine de tout dire, en réduisant les implicites : rien ne va de soi, et il faut se méfier des idées et des formulations évidentes ;
- faire des phrases pas trop longues et bien structurées.

N'écrivez pas : « Ce texte est de René Rémond, un historien connu. » Vous n'apportez rien ou presque rien) ; « C'est pas évident, la solidarité entre générations, quand on n'a pas d'argent. » Cette formulation est à la fois erronée sur le fond (« évident » n'est pas synonyme de « facile »), peu élégante, et incorrecte au regard des normes de l'écrit, professionnel, d'examen et/ou de concours.

Écrivez plutôt : « Ce texte de l'historien René Rémond nous présente le bilan qui peut être tiré, selon lui, d'une analyse de l'Histoire de France sur la longue durée. » ; « La solidarité entre générations, effective quand il s'agit de services mutuellement rendus, est limitée quand il s'agit d'aides financières dans les familles modestes ou pauvres. »

Savoir se situer et situer l'autre (auteur, lecteur)

Reformulez bien la thèse de l'auteur sans la caricaturer : n'y mêlez pas vos critiques, vous les ferez après. Pensez au lecteur (dites-vous qu'il n'a pas le texte en main, donc vous serez obligé d'être précis et complet).

N'écrivez pas : « L'auteur se concentre sur l'avenir de la protection sociale en France et en Europe en oubliant que la plus grande partie du monde n'en bénéficie pas. » Laissez l'auteur traiter son sujet, n'allez pas trop vite à la critique.

Écrivez plutôt : « L'auteur analyse les formes et les conséquences du vieillissement des populations des pays du Nord, spécialement en Europe : il y a trop peu de jeunes par rapport aux personnes plus âgées, alors que c'est le contraire dans les pays du Sud. »

Savoir composer

Composer, c'est mettre en musique son travail (sans jeu de mots) : une mélodie, une suite de couplets, un refrain (l'idée directrice).

C'est passer des lectures et de la prise de notes à la confection ordonnée de son texte personnel. Qui voudrait le rater, ce texte-là ?

Alors, pour réussir, il faut…

- bien formuler l'idée directrice de son devoir ;
- après avoir vérifié qu'elle peut ouvrir l'une après l'autre sur toutes les explications et idées repérées ;
- introduire son propos ;
- tracer un canevas (le plan) ;
- respecter des étapes (parties, sous-parties, phrases de transition)… ;
- finir par une conclusion, qui répond à l'introduction.

 *Réussir*

Bien rédiger

Bien rédiger c'est d'abord se situer et garder sa place dans le triangle relationnel que forment le texte, le lecteur et le rédacteur (vous !).

C'est dire une chose après l'autre, selon un ordre, et aller jusqu'à une conclusion.

C'est ne pas dire à moitié, ni tout en même temps (avec incompréhension du lecteur à la clé).

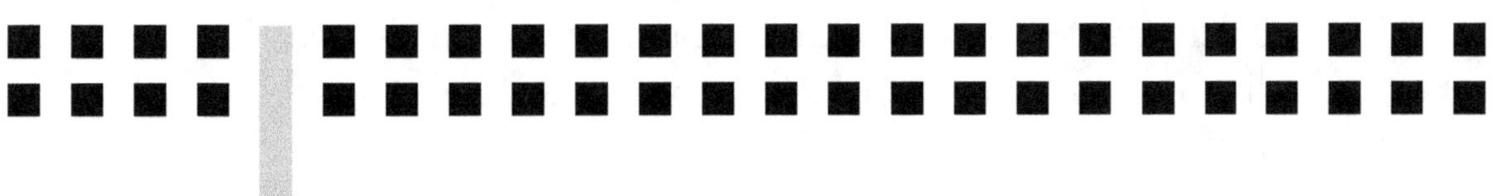

Se préparer

Dans cette deuxième partie, nous allons (re)découvrir ensemble les divers types d'épreuves à partir d'un texte. Ces épreuves peuvent être composites : il peut s'agir d'une analyse ou d'un résumé suivi de questions, ou encore d'un résumé suivi de l'explication de quelques phrases ou expressions, et du commentaire d'un ou plusieurs paragraphes… Il faut donc étudier vos fiches spécifiques, puis vous préparer à travailler assez rapidement en fonction des diverses « commandes » du jury. C'est ce à quoi sont destinées les fiches 11 à 20, qui vont permettre à chacun d'entre vous de se préparer *selon ses besoins.*

Nous vous recommandons de préparer des fiches et dossiers personnels sur les épreuves spécifiques des concours auxquels vous comptez vous inscrire. Vous les compléterez au fur et à mesure de vos lectures, en choisissant dans vos journaux et dans vos livres des textes analogues, en volume et quant au fond, à ceux que vous aurez à traiter le jour du concours. Pensez aussi à consulter les sites Internet des ministères ou établissements concernés : il est possible que les textes des années précédentes y soient mis en ligne, ou tout au moins référencés, avec la liste des questions éventuellement posées.

Schéma de travail pour l'analyse d'un texte

1. SURVOL RAPIDE, VUE D'ENSEMBLE DU SUJET		
NB : première lecture à renouveler si c'est indispensable pour saisir le fil directeur du texte.		

2. ANALYSE DU TEXTE		
Lecture très attentive, paragraphe par paragraphe :		
Souligner les mots-clés	**Relever les idées**	**Noter les articulations logiques**
– encadrer – souligner d'un ou de deux traits selon l'importance des mots	– fondamentales ou générales – principales (A) ou secondaires (1 ou a) – les énumérations ou les exemples	– la thèse – les arguments et la progression de la pensée – les simples illustrations …/…

2. ANALYSE DU TEXTE (SUITE)

Deux approches complémentaires :

Critères de fond	Critères de forme
– noter tout point qui apporte un élément nouveau et important par rapport à ce qui précède	– longueur de la démonstration, – abondance des exemples, faits et chiffres

NB : vos notes doivent être rédigées au brouillon de façon très aérée, de préférence en prenant une page pour chaque paragraphe.

3. CONSTRUCTION DU PLAN POUR UNE ANALYSE OU UN COMMENTAIRE

Rédaction soignée d'une introduction et d'une conclusion.

Préparation d'un développement complet, avec des parties et paragraphes s'enchaînant logiquement.

4. DOUBLE VÉRIFICATION

Par rapport au texte de base	Sur votre propre projet de texte
N'ai-je rien oublié d'important ?	Le fond est-il cohérent et compréhensible ?
N'ai rien déformé ou ajouté ?	La forme : est-ce clair et bien rédigé ?

5. ÉTAPE FINALE

Recopier en soignant l'écriture et la présentation.
Relire (plutôt deux fois qu'une !).

L'analyse de texte : à l'écrit, à l'oral

Rappel : qu'est-ce qu'une analyse ?

Bon à savoir

Analyser

Décomposer une œuvre, un texte, afin de dégager les éléments essentiels, de saisir leurs rapports, et d'en présenter un schéma d'ensemble. Le mot peut aussi s'appliquer à la pensée d'un auteur, ou à un ensemble de pensées. Ou à des informations ou aux dispositions des textes législatifs et réglementaires.

L'analyse du texte est un élément capital dans la phase préparatoire d'autres travaux (résumé, synthèse, divers types de notes sur un texte ou un dossier).

La *démarche analytique* s'oppose donc à la *démarche synthétique* : la première met à jour, « à plat », les différents rouages et éléments d'une unité organique et cohérente, tandis que la seconde fait naître d'un assemblage plus ou moins disparate une construction rigoureuse et ordonnée.

Dans l'analyse, il s'agit en quelque sorte de « dégager un squelette » du texte, puis de le remettre en forme en hiérarchisant les idées.

L'analyse suppose donc un double travail :

– de compréhension ;
– de rédaction.

Réussir

Qu'est-ce que le jury attend de vous ?

Par cette épreuve, le jury cherche à tester votre capacité à comprendre la pensée d'un auteur ou les informations d'un texte et à la restituer avec vos propres mots.

Et à l'oral ?

La phase d'analyse au sens strict suppose certaines limites. Il ne s'agit pas de « commenter » le texte, vous devez vous abstenir de tout jugement de valeur, tant sur la forme que sur le fond. Vous n'avez donc pas à discuter les idées ou le style de l'auteur.

C'est seulement si, après l'analyse, le jury vous pose des questions de réflexion personnelle sur le texte et les problèmes en cause que vous retrouvez le droit (et le devoir) de commenter et discuter.

Le travail de compréhension

Il s'agit d'abord de lire le texte, puis de le « décortiquer ».

Afin de bien *lire le texte*, deux lectures successives s'imposent.

• **Une première lecture synthétique** doit vous permettre de comprendre le sens général du texte. C'est essentiel : il s'agit ici de prendre une vue d'ensemble du sujet. L'attitude à avoir est celle du lecteur de journal, désireux d'avoir une information générale, mais rapide, concernant les questions et les évènements du moment.

Lisez attentivement le texte sans vous laisser distraire par les détails, sans vous arrêter aux difficultés, sans chercher autre chose que son fil directeur ou ses idées fondamentales. C'est un travail d'approche.

Cette lecture doit vous sensibiliser à la nature exacte du texte. Bien entendu, si le texte est difficile, ou si le premier résultat obtenu n'est pas satisfaisant, vous renouvellerez l'opération.

À la fin de la lecture synthétique, vous devez pouvoir *donner un titre* au texte, ou *traduire en une phrase l'essentiel* de ce qu'il contient.

- **Une seconde lecture plus analytique** sera ensuite réalisée crayon en main. Vous pouvez effectuer un premier relevé des idées ou des mots-clés du texte. Il s'agit alors de confirmer le résultat de votre première lecture, tout en prenant conscience du cadre général du texte.

  Pour certaines œuvres littéraires ou articles de journaux, cette opération peut infirmer le résultat de la première lecture à cause, par exemple, d'un ton général qui n'a pu être saisi à la première lecture. Ne vous effrayez pas de cette apparente contradiction, qui vient de la complexité même de certains textes.

  À la fin de cette étape de lecture, vous aurez pris conscience de la *structure globale du texte*, il s'agit à présent d'analyser les détails.

Décortiquer le texte est une opération intellectuelle qui ne peut être menée à bien que grâce à des opérations matérielles précises.

- L'objectif est de mettre en évidence les *structures du texte* : parties, sous-parties et paragraphes principaux. Vous dresserez conjointement la *hiérarchie des idées* :
  - les idées principales ;
  - les idées secondaires ;
  - les idées accessoires.

  Ces idées peuvent être traduites dans le texte par des phrases complètes, ou simplement reflétées par des mots-clés.

Le mot-clé

Le mot-clé est celui qui a une importance déterminante, qui donne une signification au texte, ou qui représente la substance de la pensée.

Pour effectuer votre classement, vous pouvez vous fonder sur deux critères :
- le *critère de fond*, qui consiste à voir tout point qui apporte un élément nouveau par rapport à ce qui précède ;
- le *critère de forme*, qui consiste à voir tout développement sur lequel l'auteur insiste, soit par la longueur de sa démonstration, soit par l'abondance des exemples, des faits ou des chiffres qu'il fournit.

Ces opérations sont en principe facilitées par la composition même du texte, et par l'emploi de locutions ou mots charnières marquant les enchaînements logiques (phrases d'annonce de plan, développements complémentaires ou opposés, adverbes ou conjonctions de coordination ou de subordination…).

Toutefois, vous pouvez aussi être en présence d'un texte insuffisamment structuré, voire confus ou mal écrit. Il vous reviendra alors d'essayer de discerner la pensée de l'auteur, et de restructurer le texte dans un ordre logique.

 *Réussir*

Des notes directement utilisables

En effectuant les indispensables opérations matérielles sur le texte, évitez de le salir, ne griffonnez pas dans tous les sens, contentez-vous de souligner les mots et expressions clés.

Vos notes doivent être directement utilisables. Écrivez proprement. Chaque point important, c'est-à-dire chaque idée principale, doit être noté sur une feuille séparée (l'essentiel doit figurer en haut de page, de façon très aérée ; les idées secondaires ou accessoires, ainsi que vos remarques, seront notées au-dessous). Vous disposerez ainsi, pierre par pierre, des éléments qui vous permettront de construire l'édifice.

Le travail de rédaction

Il vous faut d'abord construire un plan parfaitement clair : pas obligatoirement tout, tout de suite, mais au moins la première partie et une esquisse de la seconde partie. Vous devez ensuite rédiger une copie de style correct et de présentation agréable.

- La **construction du plan** est intimement liée à vos premières notes (sur des pages séparées pour chaque point important). Si cette étape a été effectuée convenablement, le plan doit naturellement vous sauter aux yeux. Le plan n'est pas une fin : c'est simplement un moyen d'exposer clairement les structures essentielles. Ne cherchez pas à être original à tout prix. Le jury attend de vous un schéma bien composé reposant sur les idées fondamentales du texte.

  Si l'auteur a suivi un plan suffisamment clair, le plus simple est de le reprendre. Si les éléments du texte peuvent être regroupés de façon plus logique, il vous revient d'opérer cette reconstruction. Veillez toutefois à ne déformer ni le texte, ni la pensée de l'auteur. Le jury ne vous le pardonnerait pas.

En tout état de cause, votre analyse doit comprendre :
- une introduction, qui situe le texte ou/et son auteur et se termine par l'annonce du plan général retenu ;
- un développement, qui devra suivre le plan annoncé, avec des transitions bien marquées entre les différentes parties qui devront s'enchaîner logiquement ;
- une conclusion, reprenant l'idée essentielle ou le thème principal du texte.

• **Rédiger convenablement**, ce n'est pas paraphraser le texte. Vous ne devez surtout pas reprendre des expressions entières du texte. Si vous estimez devoir citer un passage du texte, utilisez des guillemets. Cette démarche doit cependant rester exceptionnelle. Elle ne se justifie guère que pour reprendre une définition propre à l'auteur, ou un trait essentiel et caractéristique. Bien entendu, les phrases clés du point de vue logique, surtout si elles sont brèves, peuvent aussi être reprises intégralement.

En ce qui concerne l'écriture, veillez à respecter les règles suivantes :
- utilisez le style direct, ne multipliez pas les locutions du style : « l'auteur nous dit que… » ; « l'auteur affirme que… », « l'auteur pense que… » ;
- rédigez des phrases courtes, mais sans tomber dans l'excès du style télégraphique ;
- n'employez que des mots dont vous maîtrisez le sens… et l'orthographe ;
- soyez précis : chaque phrase doit être parfaitement intelligible en soi et utile à la compréhension de l'ensemble ;
- enfin, comme pour toute épreuve de concours, soignez la présentation matérielle de vos copies (voir sur ce point la fiche 30).

Méthodologie du résumé

Qu'est-ce qu'un résumé ?

Le résumé consiste à resserrer le texte d'un auteur dans un minimum de mots, par l'élimination des éléments inutiles ou secondaires, et par le choix d'un style plus concis, plus dépouillé. Un résumé se fait en suivant impérativement l'ordre d'expression des idées de l'auteur, sans ajouter d'idée ou de jugement et, en principe, sans jamais citer le texte.

Le résumé de texte est une épreuve spécifique des concours. Mais le jury peut aussi vous demander de produire un petit résumé dans le cadre d'une épreuve d'analyse ou de commentaire de texte.

Certains éléments du dossier doivent être résumés au sein de votre note administrative (mais celle-ci ne doit pas être la simple juxtaposition de résumés des textes du dossier).

Réussir

Qu'est-ce que le jury attend de vous ?

Le jury teste ici la richesse de votre vocabulaire et votre facilité à utiliser la bonne syntaxe. Il s'agit d'une épreuve de méthode qui ne fait pas appel à des connaissances précises. C'est donc le moment de gagner des points.

Les épreuves de résumé de texte nécessitent deux qualités essentielles :

- un esprit de synthèse afin de dégager les idées clés d'un texte, et les enchaîner de façon logique ;
- une grande rigueur dans le style pour reprendre ces idées clés, en employant le minimum de mots.

Méthode

- Lisez le texte très attentivement.
- Repérez les mots-clés, définissez-les, cherchez des synonymes afin de ne pas réutiliser les mêmes mots dans votre résumé.
- Repérez les idées majeures, supprimez les exemples – ils ne sont là que pour l'illustration. Le cas échéant, supprimer les arguments ou idées secondaires si le jury vous demande un résumé très bref par rapport au texte de base.
- Schématisez le texte autour de l'articulation des idées importantes.
- Rédigez un premier jet.
- Corrigez ce premier jet en augmentant ou en diminuant le nombre de mots pour arriver au nombre qui vous est demandé.
- Recopiez au propre en veillant à soigner votre présentation. Vous noterez le nombre de mots en fin de résumé.

Économiser les mots

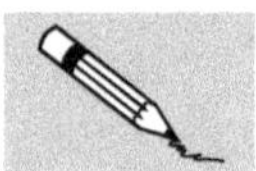 *S'entraîner*

Améliorez votre style en réduisant la longueur de vos textes

En toutes circonstances, lorsque vous êtes amenés à rédiger ou à vous exprimer, recherchez la concision et la précision dans votre propos.

- Recherche d'un mot propre en remplacement des mots ou expressions « passe-partout », des expressions journalistiques, d'une circonlocution, de gallicismes, voire des pléonasmes.
- Contraction des phrases par élimination des prépositions et des adverbes.
- Suppression des propositions relatives, élimination des conjonctions de subordination, suppression du participe passé actif.

Vous constaterez ainsi une concordance entre le fond et la forme qui fait tout l'intérêt de l'épreuve de résumé de texte dans les concours administratifs.

La recherche du mot juste

En rédigeant de façon plus brève et concise, et en employant les mots propres, vous ferez mieux comprendre votre pensée. Cette recherche du mot juste est doublement payante : elle permet d'être fidèle à l'idée que l'on veut exprimer et elle fait gagner des mots !

Un verbe tel que « faire » (ou « mettre ») est très banal, souvent flou, imprécis. Il peut souvent être remplacé par un verbe plus précis, plus coloré, propre à en spécialiser le sens, et donc bien meilleur, sur le plan de l'expression comme sur celui de la rédaction administrative.

Faire cesser une pratique	Abolir, interdire
Faire crouler le système	Anéantir, démolir, détruire, ruiner
Faire disparaître	Anéantir, éliminer, supprimer
Faire durer	Prolonger
Faire du tort	Léser, nuire
Faire monter les cours (ou les prix)	Augmenter, hausser, surenchérir
Mettre au second plan, mettre au dernier rang	Reléguer, rétrograder
Mettre en ordre	Classer, ranger, ordonner
Mettre en pratique	Appliquer, effectuer, pratiquer
Mettre sous l'autorité de	Placer, ranger, hiérarchiser
Mettre sur une liste	Inscrire
Mettre d'accord	Accorder, concilier

 *Réussir*

Un seul mot d'ordre : le respect

Respect du texte, respect de la langue… pour être respecté aussi.

Remplacer les gallicismes, simplifier

Un gallicisme est une construction ou emploi propre à la langue française. « Il y a… » en est un exemple classique.

(Nous indiquons dans les exemples ci-dessous le nombre de mots de la phrase initiale, puis celui de la phrase abrégée).

– Au début de la réunion il y eut un grand problème. [11 mots]
  Un grand problème surgit au début de la réunion. [9 mots]. Mieux encore : *Un grand problème surgit en début de réunion.* [8 mots]

– Il y a une triple difficulté dans cette affaire. [9 mots]
  Cette affaire présente trois difficultés. [5 mots]

– Il y a de nombreux arguments en faveur de la thèse de l'administration dans cette affaire. [17 mots]
  De nombreux arguments confortent la thèse de l'administration. [9 mots]

NB : on trouve trop souvent dans les copies l'expression journalistique « des arguments qui militent pour… ». C'est un détournement du « militantisme » !

Éliminer les prépositions et adverbes superflus

- L'accumulation de **prépositions** en cascades conduit souvent à un véritable galimatias. Pour l'éviter, vous pouvez notamment :
  - employer de préférence les verbes suivis d'un complément d'objet direct (plutôt que ceux suivis d'un complément d'objet indirect),
  - supprimer les prépositions placées en tête des phrases (le substantif devenant alors sujet de phrase).

– D'après cet article de votre statut, la durée de votre stage est fixée à un an. [17 mots]
  Votre statut fixe un an de stage. [7 mots]

– Dans cette affaire, l'administration se trouve sans cesse exposée à des difficultés. [13 mots]
  Cette affaire expose (sans cesse) l'administration à des difficultés. [8 à 10 mots]

– Dans le projet de loi de finances, il a été prévu…
  Le projet de loi de finances a prévu… [économie de 3 mots] ; *Le projet de loi de finances prévoit…* [économie de 4 mots]

- L'accumulation des **adverbes** alourdit le style, très souvent de façon inutile. Le procédé le plus simple pour alléger la phrase consiste à substituer des verbes simples aux verbes accompagnés d'un adverbe de manière. Cet exercice correspond d'ailleurs généralement à la recherche du mot propre, qui vous permet ainsi, non seulement un progrès dans la forme de l'expression mais encore une amélioration de fond.

Avoir simultanément plusieurs emplois : *cumuler*

Conseiller fortement de s'inscrire à un concours : *recommander*

Demander instamment une audience : *solliciter*

Exposer nettement des revendications : *formuler*

Faire entièrement ses tâches avec conscience : *accomplir*

 *Réussir*

Tirez parti des recommandations du jury

Le jury vous a indiqué : « Résumez le texte en une vingtaine de lignes ». Profitez-en pour rédiger jusqu'à 25 lignes. Sans dépasser la limite maximale normale, cela vous permet de densifier votre travail, de lui donner plus de substance, en reprenant davantage d'éléments importants du texte.

Corriger un texte avec des erreurs

En quoi consiste l'épreuve ?

Il s'agit pour le candidat de recopier un texte qui comporte des omissions et des impropriétés de termes ou d'orthographe, en rétablissant son libellé correct.

Le rétablissement du libellé correct d'un texte nécessite des qualités d'attention, de réflexion et des connaissances – ainsi qu'un bon entraînement pour repérer les « astuces techniques » mises en œuvre par les jurys.

 *S'entraîner*

Trouver dix mots manquants et dix fautes d'orthographe dans le *Discours sur l'inégalité d'éducation* (▶ corrigé p. 182).

Discours sur l'inégalité d'éducation

Nous sommes un grand siècle à la condition de bien connaître quelle est l'œuvre, quelle est la mission, … est le devoir de notre… Le siècle dernier et le commencement de celui-ci ont anéanti les… de la propriété, les privilèges de la distinction des classes ; l'œuvre de notre temps n'est pas assurrément plus difficile. À cou sûr, elle nécessitera de moindres orages, elle exigera de… douloureux sacrifice ; c'est une œuvre pacifique, c'est une œuvre généreuse, et je la définis ainsi : faire disparaître la dernière, la plus redoutable des… qui viennent de la naissance, l'inégalité d'éducation.

Cest le problème du siècle et nous devont nous y attacher. Et, quant à moi, lorsqu'il m'échut ce suprême… de représenter une portion de la population parisienne dans la Chambre des…, je me suis fait un sermant : entre toutes les nécessité du temps présent, entre tous les problèmes, j'en choisirai un auquel je consacrerai tout ce que j'ai d'intelligence, tout ce que j'ai d'âme, de cœur, de puissance physique et…, c'est le problème de l'éducation du peuple.

L'inégalité d'éducation est, en effet, un des résultats les plus criant et les plus fâcheux, au point de vue social, du hazard de la… Avec l'inégalité d'éducation, je vous défie d'avoir jamais l'égalité des droits, non l'égalité téorique, mais l'égalité réelle, et l'égalité des droits est pourtant le fond même et l'essence de la…

(Jules Ferry)

Les difficultés de l'épreuve

Le candidat se trouve essentiellement confronté à deux types de difficultés. L'un concerne l'orthographe, l'autre le vocabulaire.

- Nous vous recommandons de veiller particulièrement à **l'orthographe** en recopiant votre texte. C'est élémentaire, et pourtant bien des candidats se font éliminer parce qu'ils sont incapables de transcrire un texte sans faire d'erreur. On ne vous pardonnera pas d'ajouter des fautes à celles déjà prévues à titre de pièges. Soyez donc très attentif à cet aspect de l'épreuve.
- **Le vocabulaire** : c'est l'aspect de l'épreuve qui concerne les omissions et les impropriétés de termes. On vous demande de retrouver les mots manquants, de remplacer ou rectifier les termes qui ne conviennent pas au sein du texte (forme) et au sens du texte (fond).

  Il est donc nécessaire que vous ayez une connaissance certaine du vocabulaire. Préoccupez-vous de l'enrichir constamment. L'enrichissement de votre vocabulaire vous sera utile pour le concours bien entendu, mais aussi dans votre vie personnelle comme dans l'exercice de vos fonctions professionnelles.

Trouver dix mots manquants, dix mots mal orthographiés et dix mots erronés dans cet extrait de la *Déclaration des droits de l'Homme et du Citoyen* (▶ corrigé p. 183).

**Déclaration des droits de l'Homme
et du Citoyen (26 août 1789, articles 1 à 6)**

Les représentants du… français, constitué en Assemblée nationale, considérant que l'ignorance, l'oubli ou le mépris des droits de l'Homme, sont les seules causes des malheurs publiques et de la corruption des gouvernements, ont résolu d'exposer, dans une dégradation solenelle, les droits naturels, inaliénables et sacrés de l'…, afin que cette déclaration, constamment présente à tous les membres du corps social, leur rappelle sans cesse leurs droits et leurs… ; afin que les actes du pouvoir législatif et ceux du pouvoir exécutif, pouvant être à chaque instant comparés avec le but de toute institution politique, en soient plus respectés ; afin que les réclamations des citoyens, fondées désormais sur des principes simples et contestables, tournent toujours au maintien de la Constitution et au malheur de tous.

En conséquence, l'Assemblée nationale reconaît et déclare, en présence et sous les auspices de l'Être Suprême, les droits suivants de l'Homme et du…

Article 1er – Les hommes naissent et demeurent libres et égauts en droits. Les distinctions sociales ne peuvent… fondées que sur l'inutilité commune.

Article 2 – Le but de toute association politique est la conversation des droits naturels et imprescriptibles de l'homme. Ces droits sont la liberté, la propreté, la sûreté et la résistance à l'opression.

Article… – Le principe de toute souvereineté réside essentiellement… la Nation. Nul individu ne peut exercer d'austérité qui n'en émane expressément.

Article 4 – La liberté consiste à pouvoir faire tout ce qui ne… pas à autrui: Ainsi, l'exercice des droits naturels de chaque homme n'a de bornes que celles qui assure aux autres membres de la société la jouissance des mêmes droits. Ces bornes ne peuvent être exterminées que par la loi.

> Article 5 – La loi n'a le droit de descendre que les actions nuisibles à la société. Tout ce qui n'est pas défendu par la… ne peut être empêché, et nul ne peut être contraint à faire ce qu'elles n'ordonne pas.
>
> Article 6 – La loi est l'expression de la volonté individuelle. Tous les citoyens ont droit de concourir personnellement, ou par leurs représentants, à sa formation. Elle doit être la même pour tous, soit qu'elle protègent, soit qu'elle punisse. Tous les citoyens étant… à ses yeux, sont également admissibles à toutes dignités, places et emplois publics, selon leur capacité et sans autre distinction que celle de leurs vertus et de leurs talents.

Méthodologie : un travail en trois étapes

- Dans un premier temps, **relisez plusieurs fois le texte** avant d'essayer d'en rétablir le libellé. Il est fondamental pour la suite de l'épreuve que vous ayez assimilé le sens général et l'esprit du texte.
- Dans un deuxième temps, consacrez une lecture complète et attentive à **repérer les fautes d'orthographe** volontairement introduites dans le texte. Rectifiez les fautes directement et proprement sur le texte qui vous est fourni.
- Dans un troisième temps, consacrez-vous entièrement à **réfléchir aux omissions et impropriétés**. Le bon sens vous permettra le plus souvent de les rectifier. Ne vous croyez pas obligé de recourir à un vocabulaire compliqué. Le correcteur cherche surtout à apprécier votre compréhension du sens général du texte.

S'organiser

Gérez bien votre temps

En effet, le temps imparti à cette épreuve est généralement limité à 40 minutes, que nous vous proposons de répartir de la façon suivante :

- 5 minutes au moins pour lire plusieurs fois le texte ;
- 5 minutes maximum pour corriger les fautes d'orthographe ;
- 15 minutes pour réfléchir aux impropriétés et omissions de mots, puis les rectifier ;
- 15 minutes pour recopier et pour relire votre texte.

Le temps conseillé pour la dernière opération est loin d'être excessif : il est important que vous relisiez votre texte avec le plus grand soin. Vous risquez en effet, en n'y consacrant pas suffisamment de temps, d'introduire des erreurs de votre propre cru qui joueraient bien entendu gravement en votre défaveur.

Réussir

Il est impératif de terminer l'épreuve : si vous « butez » sur une difficulté qui vous semble insurmontable, ne perdez pas votre temps, passez à la suivante.

La bonne méthode pour commenter un texte

Le commentaire peut être pour vous une épreuve sûre, vous garantissant une bonne note, si vous avez mis au point de bonnes techniques et si vous vous êtes entraîné à traiter des textes très variés.

Pour réaliser un bon commentaire de texte et surtout être régulier dans cette épreuve, il est indispensable de *procéder avec méthode*. Cette méthode ne peut s'acquérir que par l'entraînement qui vous apprendra à construire *des commentaires bien ordonnés*.

Les textes proposés

Ils sont très variés, et cette diversité concerne aussi bien leur nature que leur origine et leur volume (de cinq, dix ou vingt lignes à deux ou trois pages).

Les textes peuvent être de genres très divers. Depuis les textes littéraires classiques jusqu'aux rapports administratifs ou aux textes législatifs et réglementaires, en passant par des discours, articles ou extraits d'ouvrages sur les grands problèmes économiques, sociaux, culturels, politiques ou internationaux. Il faut donc vous familiariser avec ces divers genres, et être capable de traiter n'importe lequel d'entre eux le jour du concours.

La conception intellectuelle de l'épreuve

L'épreuve consiste en plusieurs séries d'opérations intellectuelles et matérielles.

- Une première série d'opérations porte sur le texte lui-même, qu'il faut analyser pour en extraire les informations importantes.
- La seconde série consiste en une réflexion d'actualité et de prospective sur les idées de l'auteur, leur application, leur valeur pour l'avenir.

S'organiser

Les opérations matérielles

Les opérations matérielles doivent être effectuées en évitant de salir le texte de base par des gribouillages illisibles. Contentez-vous de souligner ou surligner les mots ou expressions clés.

Il sera utile d'emporter un ou deux marqueurs surligneurs (de couleur claire, par exemple jaune, bleu ou rose) le jour du concours.

Les couleurs variées ont l'avantage de pouvoir marquer et bien dégager deux séries d'éléments différents. Par exemple, les principes et leur application. Ou encore les structures et la conjoncture.

Comprendre

Voici les 10 points qui vont structurer votre travail d'analyse. C'est sur eux que vous devez focaliser votre attention, crayon en main.

- Première série de distinctions, portant sur **la nature du texte** :
  - éléments objectifs/subjectifs ;
  - analyse/synthèse ;
  - historique/synchronique ;
  - narration/argumentation…
- **L'auteur**, ce que vous en savez, ce que vous en devinez (attention aux extrapolations douteuses ; n'avancez qu'avec des indications concordantes dans le texte).
- Vous-même, **votre position instinctive** par rapport à ce que vous lisez, et qui sera le prélude à votre position « officielle », plus réfléchie, que vous exposerez devant le jury, par écrit ou oralement.

- **Les repères de langage**, notamment le style et le niveau de la langue (exemple : style soutenu ou style familier).
- **Les références culturelles** du texte (en particulier les noms propres cités).
- Les liens éventuels **d'analogie avec d'autres supports médiatiques** (par exemple, les films).
- Vos **hypothèses de lecture** ; la plupart du temps, elles sont implicites. Essayez de les formuler. Soit de façon scientifique, rigoureuse et bien structurée. Soit tout au moins par un mot d'appréciation et un ou deux mots résumant votre compréhension présente.
- Le **thème d'ensemble** et la progression thématique du début du texte à sa conclusion.
- Le mode **d'agencement des informations** (idées, exemples…).
- **Les mots de liaison** qui marquent les étapes suivies (donc, parce que…)

S'organiser

Une prise de notes opérationnelle

Vos notes doivent être directement utilisables.

Écrivez proprement.

Chaque point important, c'est-à-dire chaque idée principale, doit être noté sur une feuille séparée.

L'essentiel doit figurer en haut de page, de façon très aérée ; les idées secondaires ou accessoires, ainsi que vos remarques, observations et propositions personnelles, seront notées au-dessous en abrégé. Vous disposerez ainsi, pierre par pierre, des éléments qui permettront de construire l'édifice et vous pourrez facilement « redistribuer vos cartes ».

Recomposez ensuite de façon logique :

– en mettant bien en valeur les structures essentielles ;

– si possible avec une progression stratégique qui valorisera votre copie.

Afin de pouvoir les reprendre ensuite dans votre copie, vous formulerez clairement pour vous-même les éléments forts du texte :

– les mots-clés, avec leur définition, même brève ;

– les questions posées ;

– la thèse défendue ;

– les exemples utilisés, et leur pertinence, ainsi que les autres exemples
que vous pourriez ensuite ajouter, pour confirmer ou conforter, pour
nuancer (ou éventuellement pour restreindre ou contredire).

Rédiger

Construire un plan

- Si vous avez bien pris vos premières notes (sur des pages séparées pour chaque
point important), le plan doit naturellement vous sauter aux yeux.
- Le plan n'est pas une fin, mais un moyen. C'est le moyen logique d'exposer
clairement les structures essentielles. Vous ne devez pas chercher à être original
à tout prix. Le jury attend normalement de vous un schéma bien composé,
reposant sur les idées fondamentales de l'auteur.
- Si en composant son texte l'auteur a suivi un plan suffisamment clair, le plus
simple est de le reprendre. Vous restez ainsi fidèle à l'auteur, tout en disposant
d'une grande facilité intellectuelle.
- Si les éléments du texte peuvent être regroupés de façon plus logique, il vous
revient d'opérer cette reconstruction. Veillez toutefois à ne déformer ni le texte
ni la pensée de l'auteur – le jury ne vous le pardonnerait pas. Le candidat qui
déforme la pensée d'un auteur ne commet pas seulement une faute contre le
règlement ou l'esprit de l'épreuve. Il commet une faute intellectuelle, par
manque de rigueur.

Réussir

N'oubliez pas !

Votre commentaire doit être composé de façon bien structurée, et comprendre en principe les trois éléments ou série d'éléments suivants :

- une introduction qui situe le texte et son auteur, et se termine par
l'annonce du plan général retenu ;
- un développement en deux ou trois parties, qui doit suivre le plan
annoncé, avec des transitions bien marquées entre les différentes parties (qui devront s'enchaîner logiquement) ;
- une conclusion reprenant la thèse essentielle de l'auteur, ou le thème
principal du texte, et si possible avec des vues prospectives.

Rédiger convenablement

- Ne vous contentez pas de paraphraser le texte : ce n'est évidemment pas le but de l'épreuve.
- Ne reprenez pas trop souvent des expressions entières du texte. Si vous devez citer un passage du texte, nous vous recommandons d'utiliser des guillemets. Cette démarche doit être exceptionnelle. Elle ne se justifie guère que pour reprendre une définition propre à l'auteur, une opinion personnelle, ou un trait essentiel et caractéristique. Bien entendu, les phrases clés du point de vue logique, surtout si elles sont brèves, peuvent aussi être reprises intégralement.
- Utilisez le style direct. Ne multipliez pas abusivement les locutions du style : « L'auteur nous dit que... », « l'auteur affirme que... », « l'auteur pense que... ».
- Évitez les allusions aussi bien que les paraphrases.
- Rédigez des phrases courtes, mais sans tomber dans l'excès du style télégraphique.
- Le travail à réaliser est un travail personnel. Donc, n'employez que des mots dont vous possédez le sens... et à la condition d'être certain de les orthographier correctement. Contrôlez la précision de votre texte. Chaque phrase doit être à la fois parfaitement intelligible en soi et utile à la compréhension de l'ensemble.
- Enfin, comme pour toute épreuve de concours ou tout travail personnel ou administratif, soignez la présentation matérielle de vos copies.

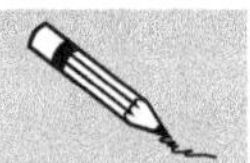 *S'entraîner*

Entraînez-vous à l'analyse de textes variés, toujours en suivant les 10 étapes exposées pour la lecture et la compréhension.

Commenter un texte à l'écrit : un exemple à suivre

À partir de ce texte – relativement long – de Paul Valéry (un quasi-classique des années 1930, devenu sujet de concours), partons ensemble pour une démarche accompagnée. Puis viendront quelques questions fréquentes lors des concours.

 *S'entraîner*

Nous vous proposons de travailler sur ce texte suivant le schéma proposé ci-dessous (travail sur le texte, discussion, questions), puis de contrôler grâce au corrigé (▶ page 183) les points d'amélioration possibles. Donnez-vous trois heures environ.

La crise du livre et de la culture

« Je dis que le capital de notre culture est en péril… Aujourd'hui les choses vont très vite, les réputations se créent rapidement et s'évanouissent de même. Rien ne se sait de stable, car rien ne se fait pour le stable. Comment voulez-vous que l'artiste ne sente pas sous les apparences de la diffusion de l'art, de son enseignement généralisé, toute la futilité de l'époque, la confusion des valeurs qui s'y produit, toute la facilité qu'elle favorise ?

S'il donne à son travail tout le temps et le soin qu'il peut leur donner, il le donne avec le sentiment que quelque chose de ce travail s'imposera à l'esprit de celui qui le lit ; il espère qu'on lui rendra, par une certaine qualité et une certaine durée d'attention, un peu du mal qu'il s'est donné en écrivant sa page.

> Avouons que nous le payons fort mal… Ce n'est pas notre faute, nous sommes accablés de livres. Nous sommes surtout harcelés de lectures d'intérêt immédiat et violent. Il y a dans les feuilles publiques une telle incohérence, une telle intensité de nouvelles que le temps que nous pouvons donner par vingt-quatre heures à la lecture en est entièrement occupé, et les esprits troublés, agités ou surexcités.
>
> L'homme qui a un emploi, l'homme qui gagne sa vie et qui peut consacrer une heure par jour à la lecture, qu'il la fasse chez lui ou dans le métro, cette heure est dévorée par les affaires criminelles, les niaiseries incohérentes, les ragots et les faits divers, dont le pêle-mêle et l'abondance semblent faits pour ahurir et simplifier grossièrement les esprits.
>
> Notre homme est perdu pour le livre… Ceci est fatal et nous n'y pouvons rien. »
>
> Paul Valéry, extrait de *Regards sur le monde actuel.*

L'épreuve

Travail sur le texte et discussion du thème essentiel

Il n'est pas possible d'expliquer tous les éléments d'un texte long (vingt lignes ou davantage) : vous risqueriez alors de tomber dans la paraphrase et de dépasser le temps imparti.

Mieux vaut présenter rapidement le plan du texte et/ou le résumé des idées de l'auteur, puis discuter le thème essentiel.

Nous vous proposons donc l'exercice suivant :

- établir le plan du texte ;
- résumer le texte en 6 à 10 lignes ;
- discuter le thème de « l'homme perdu pour le livre » : l'homme est-il vraiment, comme l'affirme l'auteur, « perdu pour le livre ? » Quels remèdes pourriez-vous proposer ?

Réponse à des questions sur le texte et questions diverses posées par le jury

Voici deux grandes questions, sur lesquelles vous pourriez prévoir de répondre en quelques minutes. Nous vous invitons à rédiger une petite page pour chacune d'elles (▶ corrigé p. 185).

– Quel est le destin du livre face aux moyens audiovisuels ?

– Pouvez-vous nous parler de vos lectures ?

Commenter un texte à l'oral

La technique du commentaire de texte s'apprend par la pratique. Avant de vous donner des exemples de textes proposés à des concours récents, il est cependant utile de vous rappeler quelques règles d'or qui vous permettront de bien maîtriser cette épreuve, puis quelques indications sur l'aménagement du temps le jour J.

Il vous faudra d'abord effectuer un bon travail préparatoire sur le texte, puis bien soigner sa présentation devant le jury.

 *Réussir*

De la méthode, encore de la méthode !

Il vous en faut pour organiser votre temps de préparation, et optimiser votre passage devant le jury.

Un bon oral est naturel et de bonne tenue : être soi-même, au mieux.

Le travail préparatoire sur le texte : vite et bien !

Vous disposez en effet d'un temps réduit : d'une demi-heure à 1 heure, selon les cas.

Il faut d'abord, bien sûr, lire le texte très attentivement, plusieurs fois si besoin est, pour bien le comprendre (et, s'il s'agit d'une épreuve orale, pouvoir ensuite bien le lire à haute voix si le jury le demande).

Il faut analyser les mots-clés et les idées-forces. Si votre texte est long, vous pourrez les cocher, les souligner ou les surligner pour bien les faire ressortir.

Vous esquisserez la définition des termes essentiels, ce qui vous sera doublement utile : en vous fournissant des idées à exploiter ; en vous donnant des éléments à reprendre dans votre commentaire.

Après avoir défini l'objet du texte (et donc le sujet principal de votre commentaire), il vous faut le situer dans un contexte synthétique, c'est-à-dire étudier notamment :

- l'auteur et son œuvre (si c'est un auteur connu) ;
- la vie littéraire, artistique et culturelle de l'époque (idem) ;
- les courants idéologiques ;
- les événements politiques et les mouvements sociaux ;
- éventuellement, l'actualité, si c'est un texte récent (notamment extrait d'un journal).

Puis vous allez évaluer la portée actuelle du texte. Si le texte est ancien, il faut analyser l'évolution historique. Dans tous les cas, qu'il soit ancien ou récent, il faut examiner sa portée dans les divers domaines de l'actualité.

Il faut aussi réfléchir à ses prolongements. Vous procéderez à une réflexion prospective : le texte est-il encore intéressant pour éclairer l'avenir ?

 *Réussir*

Commentaire de texte et culture générale

On dit de cette épreuve, plus encore que de celle de la dissertation, qu'elle n'est pas une épreuve de connaissances, mais qu'elle doit vous permettre de donner la preuve de votre culture générale.

En fait, il vous faudra faire appel à toutes vos connaissances, dans tous les domaines, mais à condition de les exploiter à bon escient. Cela implique plusieurs principes : ne pas commettre de digression ; ne pas « étaler » trop longuement des connaissances sur un sujet donné, au détriment de l'ensemble ; ne pas sombrer dans l'ostentation ou la prétention.

La présentation devant le jury

Vous devez préparer un plan composé que le jury pourra suivre parfaitement. Comme pour la dissertation générale, il faut soigner particulièrement la rédaction de l'introduction et des phrases d'annonces.

Votre exposé doit être construit de façon parfaitement harmonieuse, et cette harmonie devra se marquer notamment à l'écrit, par une présentation impeccable ; à l'oral, par une diction parfaitement maîtrisée.

Pour gagner des points, il vous faut rechercher une originalité de bon aloi :

- dans le style comme dans le fond, il importe d'éviter l'abstraction ou la monotonie ;
- il est opportun de faire de faire preuve de certitude nuancée dans les jugements, et de fermeté courtoise dans les affirmations.

Qu'entend-on par « exprimer sa personnalité » ?

En fait, il est certain que le jury cherche à apprécier personnellement chaque candidat à travers sa prestation. Il vous revient donc de vous montrer au jury, dans tous les domaines, sous votre meilleur jour. Vous devez lui prouver que vous possédez bien toutes les qualités humaines et professionnelles qu'il est en droit d'attendre de vous. Et cela sans vous « déguiser », mais avec conviction et sincérité.

La gestion du temps

Il est impératif de vous entraîner dans les conditions de votre concours, en calculant bien, de façon à vous donner de bonnes marges de sécurité.

Il sera bon de chronométrer fréquemment les différentes phases, et d'utiliser un magnétophone (ou de demander à des collègues et amis de vous organiser des jurys fictifs).

Les questions

« Quelles sont vos lectures de prédilection ? » ou « quel est actuellement votre livre préféré ? », « Quel est votre livre de chevet ? », ou encore « Quel livre lisez-vous en ce moment ? », tels sont les principaux types de questions posées lors des concours.

Beaucoup de questions posées sur vos lectures ou sur vos loisirs peuvent aussi vous conduire à parler de vos livres préférés.

Réussir

Votre livre de chevet

Vous avez donc intérêt à vous choisir un livre de prédilection, que vous pourrez baptiser votre « livre de chevet ». Vous le lirez avec soin, et même vous lirez plusieurs fois les passages les plus importants. Vous vous exercerez à les commenter, à exposer ensuite pourquoi cette lecture vous apporte un enrichissement personnel, à parler d'ouvrages analogues, et même d'ouvrages différents, si le jury veut continuer à vous tester au cours de l'épreuve.

Bien entendu, vous avez aussi le droit de répondre que vous n'avez pas un seul livre préféré, mais que vous aimez bien plusieurs ouvrages dans plusieurs domaines. Attention toutefois : cette réponse ne doit pas constituer pour vous une simple « solution de facilité ». Si le jury se rend compte que vous fuyez ses questions, il ne sera pas dupe, et vous demandera immédiatement quels sont vos « livres préférés », et dans quels domaines.

Il vous faut donc effectuer plusieurs fois le travail recommandé ci-dessus, ce qui vous sera d'ailleurs certainement très profitable. Si vous avez travaillé dans plusieurs domaines, et sur plusieurs genres, cela vous permettra de répondre à des questions plus précises, telles que : « Quel est votre auteur préféré à telle époque ? », « quel est votre romancier préféré ? », ou encore « quel est votre poète préféré ? »

Bien entendu, il est alors recommandé d'effectuer à plusieurs reprises ce travail de rédaction de fiches et notices. Pour les examens et concours de bon niveau, l'idéal est d'en avoir une bonne collection.

Réussir

Une consigne de prudence élémentaire

Ne citez que des ouvrages dont vous serez capables de parler convenablement devant le jury. Sinon, c'est courir le risque de vous ridiculiser… et de perdre des points.

Répondre à des questions à partir d'un texte

Typologie des questions

Outre la question traditionnelle vous demandant de donner un titre au texte, on distingue trois groupes de questions.

- Questions portant sur **le vocabulaire** :
  - explication de mots ou d'expression : donner le sens général ou habituel du mot ou de l'expression et, s'il y a lieu, son sens particulier dans le texte ;
  - illustration de mots ou d'expression : cette autre forme d'explication de vocabulaire fait appel à l'imagination du candidat et à ses souvenirs.
- Questions portant sur **la compréhension** :
  - explication du sens d'une phrase : expliquer, c'est-à-dire développer et éclairer une pensée de l'auteur ou l'allusion à un fait précis ;
  - interprétation du texte : cette extension de la question précédente présente une difficulté supérieure. La notion d'interprétation suppose en effet que la pensée de l'auteur ne se perçoit pas de façon directe et qu'un apport personnel, un effort de réflexion du lecteur est nécessaire.
- Questions portant sur **la critique et l'extension** du texte :
  - commentaire et critique des pensées ou des propositions de l'auteur : on demande cette fois au candidat de porter un jugement sur le texte. Ce jugement ne doit pas être formulé a priori mais étayé par des arguments précis ;
  - cette question peut aussi s'accompagner d'une demande de formulation de propositions par le candidat.

• Questions **générales** à partir du texte. Elles visent à élargir les problèmes soulevés par l'auteur et à connaître la culture générale du candidat et ses talents de rédaction.

Exercice d'application

Nous vous proposons ci-après un exercice d'application vous montrant les divers types de questions pouvant être posées à partir d'un texte. Ce texte a été donné il y a trois ans à un concours (… et vous remarquerez qu'il n'est pas récent).

Notre époque peut être caractérisée par la prédominance des facultés visuelles, et on a pu dire qu'elle était une « civilisation de l'image ». Les œuvres philosophiques et scientifiques, les revues et les journaux nous proposent conjointement une nouvelle vision du monde, une nouvelle optique, des vues des observations, etc. Huizinga avait remarqué dans son bel ouvrage sur le déclin du Moyen Âge que le XVe siècle manifestait un goût presque exclusif pour le sens de la vue, mais alors qu'à la fin de l'époque médiévale c'est la couleur et la lumière qui assumaient un rôle de premier plan, aujourd'hui ce sont semble-t-il les formes, et plus encore les positions respectives qu'elles occupent dans l'espace. Nous aurons l'occasion de revenir sur cette constatation en nous fondant sur l'examen d'œuvres littéraires et picturales : notre remarque peut être étendue immédiatement à d'autres aspects de la vie d'aujourd'hui.

Observons d'abord que plusieurs activités esthétiques sont nées récemment (affiche, cinéma, télévision) où la vue joue un rôle sinon exclusif, du moins éminent ; atteignant un vaste public, elles exercent sur celui-ci une action considérable. De son côté, la littérature s'est adjoint une activité où l'art est certes absent, mais dont la diffusion est grande : les bandes dessinées, ou « comics » : leur succès est dû au fait qu'elles traduisent une anecdote n'utilisant les mots que comme complément d'une image, elle-même signal rudimentaire. À un niveau plus élevé, nous pouvons observer le succès des périodiques illustrés (de *Paris-Match* à *L'œil*) et des livres d'images : albums photographiques, récits de voyages illustrés, ouvrages d'art « enrichis » de photographies en couleurs, etc. Malraux a souligné l'influence exercée par la diffusion des reproductions photographiques dans notre connaissance de l'Art, et l'ouverture du Musée imaginaire ne marque pas seulement le triomphe d'une nouvelle conception de l'esthétique : elle est un indice de la prédominance actuelle de la vue. Malraux propose d'attribuer à l'art la fonction de sacralisation que la religion, selon lui, est incapable d'assumer : mais ce n'est pas seulement l'Art qui tend à devenir un mythe dans la vie contemporaine, c'est aussi le milieu dans lequel baigne toute représentation esthétique, c'est l'Espace.

.../...

De l'homme de la rue au philosophe, chacun de nous vit dans un monde explicité seulement par le regard et dont la vue semble la clé. L'accord est loin d'être unanime, évidemment, entre les conceptions ou les sentiments de l'espace qui se manifestent aujourd'hui, mais si l'on observe attentivement les faits, on constatera qu'une sorte de consensus se dégage de ces vues divergentes à certaines époques (qui coïncident sans doute avec l'apparition de « générations privilégiées »), des niveaux relativement bas de pensée sont perméabilisés à une action provenant de milieux intellectuellement supérieurs. Le moins esthète de nos contemporains regarde, peut-être en ricanant, mais peu importe, des reproductions de Braque, qu'il rapproche inconsciemment du paysage aplati et aux couleurs neutres qu'il observe du hublot d'un avion : il vit dans un monde où Faulkner et Robbe-Grillet additionnent des situations spatiales, où Ionesco et Beckett nous présentent des hommes qui marchent , où des savants calculent l'orbite d'engins interstellaires : il voit des films où les gros plans alternent avec des images de téléobjectifs : il consulte des cartes, sait lire un croquis coté, étudie des schémas, admire la beauté géométrique des gratte-ciel et des cités radieuses. Tous les gestes de sa vie pratique et la plupart des mouvements de sa vie intérieure se manifestent dans un espace vu où il semble trouver son élément vital. Un tel recours à l'espace a des origines lointaines : sans doute la base de la connaissance du réel a-t-elle toujours été le cadre spatial, mais tout se passe comme si, à notre époque, l'espace, cet espace réaliste du savoir objectif et du bon sens, avait été soudain affecté d'un exposant surgi d'on ne sait où, qui lui aurait conféré des valeurs insoupçonnées.

G. Matoré, *L'Espace Humain*, Éditions de la Colombe, 1963.

Questions

Vous effectuerez les deux séries de travaux suivants (▶ corrigé p. 187) :

Étude du texte

- Donnez un titre à cet extrait.
- Résumez le texte en une vingtaine de lignes.
- Relevez les principales raisons avancées par l'auteur pour justifier l'expression « civilisation de l'image ». Personnellement, en voyez-vous d'autres ?

Grandes questions de culture générale

- La large diffusion de reproductions d'œuvres d'art, permise par les techniques modernes, vous paraît-elle culturellement féconde ?
- Pensez-vous que l'époque contemporaine ne puisse être qu'une civilisation de l'image ?

NB : on répondra à chacune des trois dernières questions en 15 lignes environ. Ce qui, à l'oral vous permettrait de parler deux ou trois minutes… si le jury ne vous interrompt pas pour vous demander des précisions ou vous poser d'autres questions.

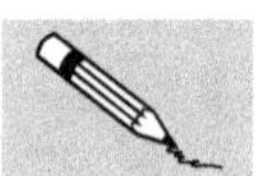 *S'entraîner*

Lectures quotidiennes

Au fil de vos lectures quotidiennes, il est bon de penser au commentaire de texte comme au résumé de texte : débattez mentalement des idées émises dans les textes que vous lisez, exercez-vous à poser des questions sur ces textes… et à y répondre.

Rédiger à partir d'un texte

Méthode

Il s'agit dans un premier temps d'*analyser le texte* pour en faire ressortir les grandes lignes et la *problématique,* et de *repérer les mots-clés.*

La phase de lecture et de prise de notes est la même que celle du commentaire, du résumé ou de l'analyse. Mais ensuite, l'énoncé du sujet précise des exigences spécifiques : traiter une grande question, donc sélectionner dans le texte certains aspects.

Réussir

Les pièges à éviter

Il est impératif de se référer au texte. Mais il s'agit également de répondre à un sujet précis énoncé après le texte.

Les deux principaux types de défauts à éviter sont la paraphrase et les digressions.

Un exemple de sujet

Dans ce sujet donné au DPECF (Diplôme préparatoire aux études comptables et financières) en 2006 (épreuve de niveau bac à bac +2), le jury propose un texte, avec un grand thème de réflexion. Comme c'est le cas la plupart du temps, il formule une grande question à traiter.

« La rue est le cordon ombilical qui relie l'individu à la société. »

Victor Hugo

Les villes font peur. La rue, autrefois synonyme de lien social, évoque, dans le vocabulaire d'aujourd'hui, soit l'émeute, soit l'exclusion. La familiarité avec l'espace urbain semble perdue : en France, comme partout ailleurs en Europe et dans le monde, le poids de la population urbaine est devenu dominant. La vie dans les grandes agglomérations représente l'avenir certain pour la plupart d'entre nous, et pourtant ces grandes cités nous sont comme étrangères, hostiles. Hier solution possible aux tensions de la société, la ville constitue aujourd'hui un problème.

Face à cette nouvelle donne, nous nous trouvons largement démunis ; nous avons seulement accompagné la croissance des villes, sans porter attention à leur qualité… Des villes inhospitalières, qui ont perdu leur capacité à intégrer et qui ont de plus en plus de mal à fonctionner…

Ricardo Bofill, *L'Architecture des villes*, Éditions Odile Jacob, 1995

Sujet : à partir du texte écrit par l'architecte espagnol Ricardo Bofill, de vos connaissances et de votre expérience, vous répondrez, sous la forme d'une argumentation rigoureusement construite, à la question suivante : « Pensez-vous que les villes soient exclusivement les lieux de mal-être ? »

Traitement du sujet

Voici quelques pistes de réflexion pour traiter ce sujet conformément aux attentes du jury.

S'organiser

Quelques consignes de base

Bien lire le sujet pour bien comprendre ce qui vous est demandé.

Tenir compte du temps imparti pour éviter les mauvaises surprises.

Procéder de façon ordonnée.

- Introduction :
  - les évènements survenus à l'automne 2005 dans les banlieues françaises semblent corroborer l'analyse de Ricardo Bofill : il y aurait un mal-être des villes (partie 1) ;
  - mais l'espace urbain reste un lieu de vie, d'échanges (partie 2) ;
  - la ville est d'ailleurs devenue un objet de réflexion et un enjeu (partie 3).
- Première partie – *Le mal-être des villes* :
  - reprendre les arguments de l'auteur, en plaçant sa réflexion en rapport avec sa qualité d'architecte ;
  - analyser, par exemple, les phénomènes de surpopulation, de surnombre ;
  - analyser les phénomènes de pollution visuelle, sonore, aérienne ;
  - la ghettoïsation, la question des banlieues ;
  - un patrimoine architectural inadapté…
- Deuxième partie – La ville reste pourtant un *lieu d'échanges*, un *espace de vie* :
  - analyser les différentes pratiques d'échanges en milieu urbain : échanges commerciaux, culturels, sociaux, générationnels… ;
  - les divers types de centralisation : les administrations, les écoles, la justice… ;
  - les centralisations culturelles ;
  - donc une concentration de lieux de vie offrant à l'individu d'immenses possibilités d'épanouissement et de découverte.
- Troisième partie – La ville est sans doute, et de plus en plus, *un objet de réflexion* :
  - objet de réflexion politique : le ministère de la Ville, la démocratie participative, les actions de quartier ;
  - réflexion sur l'aménagement des villes : la question des transports en commun et de la voiture ;
  - redécouverte, respect et restauration du patrimoine historique ;
  - prise en compte de la relation individu/ville.
- Conclusion : Bofill tire-t-il la sonnette d'alarme ou a-t-il une vision pessimiste des choses ? Une prise de conscience est nécessaire. En fin de dernière partie, ou en conclusion, il serait intéressant de présenter un bon paragraphe sur le rôle des associations : à la fois les grandes (nationales) et les petites associations de quartier. Elles permettent au citoyen de se réapproprier la ville, et ainsi sont – ou seront – des facteurs de mieux-être.

 ## *Réussir*

Ce que le jury attend de vous

Le jury attend du candidat qu'il construise une argumentation élaborée à partir du texte proposé. Pour cela, il doit respecter les règles de la dissertation :

- l'introduction doit présenter la problématique et annoncer le plan ;
- le développement doit présenter une progression logique des arguments illustrés par des exemples précis ;
- la conclusion propose un bilan, souligne un point de vue et se termine par une ouverture.

Améliorer son style

Vous trouverez ici des outils polyvalents. Parcourez-les et choisissez en fonction de votre but prioritaire : résumer, commenter, perfectionner votre expression en français.

Entraînez-vous à votre rythme et à votre gré !

Vocabulaire

Il s'agit, à chaque fois que c'est possible, d'enrichir son vocabulaire, de chercher et de noter la définition des termes inconnus que vous rencontrez dans vos lectures. En détaillant l'étymologie de ces mots, leurs dérivés, leurs synonymes et leurs contraires, vous pourrez utiliser dans vos productions écrites un vocabulaire plus riche et plus varié.

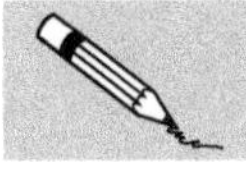

S'entraîner

Les homonymes

Trouvez 10 mots dans ces phrases qui pourraient, dans un autre environnement, avec un autre sens, s'écrire différemment (exemple : la ; là ; las).

« Deux cannes la soutenaient. Elle passait sans voir personne, indifférente à tout, au bruit, aux gens, aux voitures, au soleil ! Où allait-elle ? Vers quel taudis ? Elle portait dans un panier qui pendait au bout d'une ficelle quelque chose. Quoi ? Du pain ? Oui, sans doute. » (Guy de Maupassant, *Sur l'eau*.) (▶ Corrigé p. 191)

Des verbes plus précis

Un verbe tel que « faire » (ou « mettre ») est très banal. Il peut souvent être remplacé par un verbe plus précis, plus coloré, propre à en spécialiser le sens, et donc meilleur sur le plan de l'expression comme sur celui de la rédaction administrative.

 *S'entraîner*

Des verbes plus précis

Trouvez des expressions ou des mots pour remplacer ces mots ou expressions : a) faire cesser une pratique ; b) faire durer ; c) faire pression sur… ; d) mettre en pratique ; e) mettre en règle ; f) mettre au courant (▶ corrigé p. 191).

Grammaire et orthographe

Il serait dommage de perdre des points à cause de fautes de grammaire ou d'orthographe dans vos explications et commentaires de texte. Les exercices présentés ici vous permettent de réviser quelques règles essentielles.

La formulation des questions ou exercices est celle qui se retrouve dans beaucoup d'examens ou concours administratifs (épreuves de français ou QCM).

L'une des principales difficultés de l'orthographe en France provient des accents. Il existe heureusement des phrases euphoniques ou cocasses, permettant notamment de mémoriser les accents circonflexes.

« Le chapeau de la cime est tombé dans l'abîme. » Vous retiendrez ainsi que le mot *abîme* porte un accent circonflexe, alors que *cime* n'en a pas.

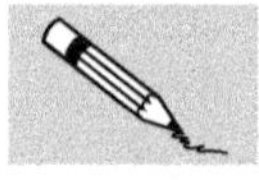 *S'entraîner*

L'accent circonflexe

Trouvez dans chaque ligne le mot qui n'est pas correctement orthographié (▶ corrigé p. 191) :

a. abîme	b. boîte	c. cîme	d. cloître
a. âtre	b. bellâtre	c. cloître	d. goître
a. châlet	b. château	c. hôtel	d. hôpital
a. bellâtre	b. goitreux	c. psychiâtre	d. tempête

Construction des phrases

Adverbes marquant un superlatif absolu

Autant que possible, vous chercherez à éliminer les adverbes « absolument, excessivement, extrêmement, fort, très… » Vous pourrez souvent remplacer un adjectif superlatif absolu par un autre adjectif d'un sens analogue mais plus fort.

Affaire, très, fort, extrêmement pressante	Urgente
Allusion très claire	Transparente
Propos, discours très obscur	Énigmatique
Très grande considération	Haute
Très grande concession	Large
Très grave erreur, faute	Lourde, énorme
Fonctionnaire très minutieux	Méticuleux
Motifs très forts	Puissants
Refus… très, tout à fait net	Catégorique
Regret… très grand	Vif
Succès… très grand	Brillant, éclatant
Style… extrêmement concis	Laconique

Adverbes de négation

Vous pourrez souvent gagner deux mots (suppression de « ne pas ») en remplaçant un verbe au tour négatif par un verbe positif ayant le sens contraire.

Ne pas admettre un témoignage	Récuser
Ne pas s'arrêter à une objection	Passer outre, ignorer
Ne pas conserver dans les cadres	Exclure
Ne pas observer un règlement	Contrevenir à
Ne pas remplir une formalité	Omettre
Ne pas tenir compte d'un avis, d'un conseil, d'une opinion	Négliger

Propositions relatives, conjonctions de subordination, participe passé actif

Les propositions relatives peuvent souvent être remplacées par un simple substantif ou adjectif, ou par le recours à un verbe propre.

Les gens qui sont arrivés en retard	Les retardataires
Les personnes concernées par la question	Les intéressés
Ce qui les relie logiquement	Les liens logiques
Quelqu'un qui remplit les mêmes fonctions	Un homologue, un confrère, un collègue
Les gens avec qui vous travaillez	Vos collègues, collaborateurs
Quelqu'un qui réitère un forfait	Un récidiviste
Les personnes envoyées par les syndicats, les associations, le ministère	Les délégués
Les tâches confiées à un fonctionnaire	Ses attributions, sa mission
Les personnes qui sont intervenues en séance	Les intervenants
Le fonctionnaire qui a rédigé ce document	Le rédacteur de ce document
Tout ce qui se passe maintenant	L'actualité, les événements actuels ; les données, les circonstances actuelles

Elles peuvent également être remplacées par un simple adjectif possessif précédant le substantif principal.

L'objectif que nous visons dans cette affaire	Notre objectif
Le projet que vous nous présentez	Votre projet
Les affaires qu'ils ont réalisées	Leurs affaires, leurs réalisations
Les capacités dont ils ont fait preuve	Leurs capacités

Les propositions relatives peuvent enfin être remplacées par un simple adjectif.

Des actions, mesures, opérations, réalisations qui tendent toutes vers le même but (sont menées ensembles)	Convergentes, conjointes
Des activités qui tiennent les fonctionnaires assis	Sédentaires
Des intérêts qui se contrarient	Opposés, contradictoires, divergents
Des mesures qui permettent de bien répondre à la situation (aux problèmes)	Opportunes, adéquates, appropriées
Des mesures prises en violation de la loi	Illégales
Des mesures prises en dépit des interdictions	Illicites
Des poursuites qui relèvent des services fiscaux	Fiscales
Les conséquences que l'on peut attendre	Prévisibles
Les moyens que requiert cette action	Adéquats, requis, nécessaires
Un accord qui engage les deux parties	Bilatéral
Une décision qui termine une affaire	Définitive, finale
Un point qui est sans rapport avec l'ordre du jour	Étranger

Elles peuvent enfin être remplacées par un participe adjectif.

Un jeune fonctionnaire qui aura sans doute un avenir brillant	Appelé à, promis à
Les valeurs qui se trouvent dans les coffres de la banque	Déposées
Une clause qui a été prévue dans cet accord	Énoncée, stipulée
Les noms des étudiants qui sont sur cette liste	Inscrits
Une tentative qui doit aboutir manifestement à l'insuccès	Vouée à
Un fonctionnaire qui a le pouvoir de prendre une décision	Habilité à
Un établissement qui reçoit une aide de l'État	Subventionné
L'article qui a été cité auparavant	Précité
Les documents qui se rapportent à cette affaire	Afférents
Une décision qui est reportée à plus tard	Ajournée

Les conjonctions de subordination

Les conjonctions de subordination ne sont pas élégantes. Elles alourdissent les phrases et présentent même fréquemment des difficultés du point de vue de la correction du style.

Voici les principaux procédés vous permettant de supprimer les propositions subordonnées.

Remplacement par un substantif

Je me réjouis de ce que vous avez pu réussir ce concours. [12 mots]/Votre succès me réjouit. [4 mots]

Parce que les affaires n'allaient pas, il se produisit de nombreuses faillites. [13 mots]/ Le marasme des affaires provoqua maintes faillites. [7 mots]

C'est de l'oisiveté que naissent tous les vices. [10 mots]/L'oisiveté est (la) mère de tous les vices. [8 ou 9 mots]

Lorsque l'on travaille bien, l'on ne risque plus de s'ennuyer. [13 mots]/Le travail chasse l'ennui [5 mots] ; travailler chasse l'ennui. [4 mots]

Remplacement par un infinitif

Je suis venu vous voir pour que vous me donniez vos instructions. [2 mots]/Je viens prendre vos instructions. [5 mots]

Le Président propose que le débat soit ajourné. [8 mots]/Le Président propose d'ajourner le débat. [7 mots]

Scission de la phrase

Vous écrivez deux phrases indépendantes, ou deux propositions, en supprimant la conjonction de subordination.

Vous devriez effectuer votre travail plus rapidement, puisque le temps réglementaire sera bientôt écoulé. [14 mots]/Travaillez plus rapidement, le temps réglementaire sera bientôt écoulé. [9 mots]

S'améliorer

Cette partie, dont l'objectif est l'amélioration de vos compétences, est une « boîte à outils ».

Les outils regroupés ici vous aideront à vous préparer aux épreuves sur textes. Ils ont pour objectif d'enrichir à la fois votre vocabulaire et vos compétences techniques, et vous pourrez vous en servir à votre gré, en fonction de vos objectifs.

Lire plus vite et lire mieux

Dans cette fiche, vous trouverez une activité de lecture accompagnée, puis des exercices d'entraînement.

Lecture active d'un texte d'idées : la méthode

Pour bien lire un texte, repérez :

- le cadre : mots-clés de temps et d'espace (questions « où », « quand ») ;
- le thème : titre et redites ;
- les idées essentielles (mots-clés) ;
- la progression argumentative (les connecteurs, « mais », « car »…).

Pensez à :

- prendre conscience de votre hypothèse de lecture (à partir du titre) ; est-elle positive ? négative ? ;
- repérer les mots et expressions de liaison, et les souligner. Vous constaterez qu'ils signalent à chaque fois une nouvelle idée et marquent son articulation à la précédente.

Dans le texte proposé p. 106, nous avons « d'abord » (§ 1), « mais » (§ 2) puis « en revanche » (§ 3).

Dans le corps du texte, vous trouverez « sans doute », « mais », « donc » (§ 1), « en effet » (§ 2), « car », « c'est pourquoi », « et » (§ 3).

– recenser les idées exposées successivement dans le texte, selon votre reformulation personnelle.

**Discours sur la langue française et les langues vivantes étrangères
(allocution prononcée par Jean-Pierre Chevènement,
lorsqu'il était ministre de l'Éducation nationale)**

Une langue est d'abord ce qui permet à des hommes de communiquer. Sans doute n'est-elle pas la seule forme de communication possible puisque le geste supplée parfois la parole et qu'il l'a peut-être précédée dans le temps. Mais le langage articulé qui met l'homme à part de tous les autres animaux de cette planète élargit considérablement le cercle des échanges, les rend aussi plus complexes et plus fluides. Comparé aux possibilités de communication qu'offre la parole, le geste n'en est qu'un substitut imparfait. Une langue vivante, qui est toujours un produit social, constitue donc entre eux un lien très fort d'appartenance à une même communauté. De ce point de vue, qui est celui de l'unité et de la cohésion du tissu social, on ne saurait comparer, pour son importance, le rôle d'une langue qu'à celui joué par la division sociale du travail.

Mais quelle qu'en soit l'importance, il apparaît impossible de réduire une langue à cette fonction sociale de communication sans pour autant l'appauvrir. En effet, quelques centaines de mots et quelques tournures grammaticales assez simples suffisent pour les besoins d'une communication quotidienne. Celle-ci laisse inexploitée une grande partie des ressources de la langue.

En revanche, lorsqu'il faut nuancer une pensée, l'approfondir ou la rendre claire, c'est alors que nous avons besoin de disposer de toutes les richesses que nous offre notre langue. Car nous pensons dans des mots : philosophes et linguistes s'accordent sur ce point. Sans le mot qui lui donne corps, l'idée n'est qu'un fantôme errant. C'est pourquoi un grand esprit a écrit au XVIIe siècle que *« la langue est le meilleur miroir de l'esprit humain »*. Et il ajoutait : *« Là où elle fleurit véritablement, là se produisent aussi les hommes de génie »* (Leibniz)[1].

---

1. NDLR : Wilhelm Gottfried Leibniz (1646-1716) est un philosophe et savant allemand. Il contribua notamment au progrès des mathématiques.

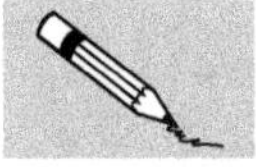 *S'entraîner*

Lecture active de ce texte

Lisez ce texte stylo en mains, en suivant la méthode présentée dans la première section de cette fiche, puis vérifiez votre lecture (▶ corrigé p. 191).

Bien lire un dossier

La méthode

1. Détectez la nature des documents présentés : point de vue particulier, chronique, éditorial politique, historique, document technique, faits divers…
2. Classez-les selon leur intérêt, leur importance stratégique pour vous-même et pour votre préparation.
3. Mettez en évidence leurs points communs éventuels, les analogies et les complémentarités.
4. Essayez déjà de nouer les oppositions, de relever les contradictions, ou d'esquisser les grandes lignes d'une discussion, d'un dialogue.
5. Faites un premier point sur la question, en formulant votre première impression. Rédigez, par exemple, une phrase affirmative et une phrase interrogative.
6. Lisez chaque document, chaque page, crayon en main, selon la hiérarchie que vous avez établie, en ayant bien présentes à l'esprit vos premières approches, et en vérifiant leur bien-fondé.
7. Après deux ou trois pages, résumez rapidement chacune d'elles. Pensez aux multiples utilisations possibles de cet acquis.
8. Voyez ce que vous pouvez ajouter ou retrancher, ou encore quelles nuances vous pouvez apporter par rapport à vos premières impressions.
9. Faites la même chose pour l'ensemble du dossier.
10. Refermez le dossier documentaire, puis rédigez des phrases de synthèse finale immédiate, les unes positives, les autres interrogatives.

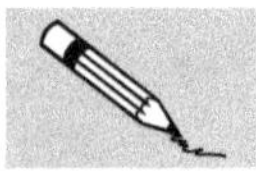

S'entraîner

Mémoriser

Dans une optique de mémorisation, vous pouvez pratiquer ce type d'exercice plusieurs jours après la première lecture d'un dossier.

Apprendre à construire des synthèses de plusieurs lectures

La synthèse est un exercice intellectuel indispensable. Il doit se pratiquer sur tous les plans : sur le plan de la documentation, de l'information et de la réflexion personnelle.

S'organiser

Synthétiser plusieurs documents

Sélectionnez 3, puis 4, 5, 6 documents que vous vous exercerez à synthétiser de la façon suivante :

- lire ou relire activement, puis analyser schématiquement chacun d'entre eux ;
- confronter ces analyses pour dégager les idées générales, les faits et les exemples les plus importants ;
- passer à la phase de synthèse proprement dite : élaborer un plan reprenant de façon logique et ordonnée tous ces éléments importants ;
- enfin, rédiger quelques pages personnelles : introduction, développement général, et conclusion.

C'est un entraînement à la lecture approfondie, un entraînement technique indispensable en vue des épreuves de note administrative et note de synthèse. C'est aussi un perfectionnement de l'expression personnelle.

Établir la carte des références culturelles des textes

Une bibliographie thématique regroupe des documents sur un même sujet – par exemple, le dossier de note de synthèse. Mais attention, les textes ne sont pas de même type ou genre, et on peut y trouver :

- des textes normatifs (lois, textes réglementaires, constitution…) ;
- des textes littéraires ;
- des essais ;
- des textes de presse d'actualité.

En outre, les textes d'un même dossier peuvent se rattacher à des disciplines différentes, car un sujet peut être abordé de points de vue divers :

- économie ;
- droit ;
- sociologie ;
- littérature ;
- etc.

Ce repérage est également très important pour bien comprendre le dossier qui vous est soumis.

Relier textes et culture générale

Cette fiche est un mémento sur les textes, les idées, les auteurs au fil des siècles. Elle n'a d'autre prétention que de vous être utile.

D'abord, nous aborderons les genres, puis nous retracerons l'évolution littéraire au fil des siècles. Vous effectuerez ainsi une révision rapide des connaissances acquises au collège et au lycée.

Si vous avez à commenter un article relatant un fait divers jugé significatif d'une tendance de la société, vous pourrez le relier avec tel ou tel genre, selon le style utilisé par l'auteur, ce qui vous aidera à saisir plus vite le sens du document.

« Il était une fois… » : le beau conte ! L'auteur de l'article emploie à dessein cette formule connotée, certainement pour annoncer que le conte s'est mal terminé (voir par exemple les articles sur les success stories qui se finissent mal, de Kurt Cobain à lady Di. Et le conte devient tragédie…

« L'intrigue nous met en présence de trois personnages… » : l'auteur nous installe d'emblée dans le genre romanesque.

Les genres : une aide pour bien situer les textes

Genres	Principe	Type de textes	Type d'œuvres	Exemples
Autobiographique	L'auteur y raconte sa vie, son expérience	Narratif	Confessions	*Confessions*, Jean-Jacques Rousseau
			Journal intime	*Mémoires d'outre-tombe*, Chateaubriand
			Mémoires	*Les Mots*, Jean-Paul Sartre
			Autoportrait	*Antimémoires*, André Malraux
Comique	Dans l'Antiquité le mot « comique » désignait toute pièce de théâtre. À partir du XVIIe siècle, il qualifie les œuvres (surtout de théâtre) au dénouement heureux, opposées à la tragédie.	Théâtral, narratif	Comédie de mœurs	*Tartuffe*, Molière
			Comédie d'intrigue	*L'illusion comique*, Pierre Corneille
			Comédie de caractères	*L'Avare*, Molière
			Farce	*La Farce de Maître Patelin*, Molière
			Parodie	*Pastiches et mélanges*, Marcel Proust
			Roman comique	*Gargantua*, Rabelais

Genres	Principe	Type de textes	Type d'œuvres	Exemples
Didactique	Le genre didactique cherche à la fois à informer et à convaincre	Explicatif, argumentatif, narratif, descriptif, poétique	Essai	*Essai sur les mœurs*, Voltaire
			Chronique historique	*Le siècle de Louis XIV*, Voltaire
			Biographie	*Marie Stuart*, Stefan Zweig
			Manifeste littéraire	*Manifeste du surréalisme*, André Breton
			Genres moraux	*Fables*, La Fontaine
			Genres philosophiques	*Les Essais*, Montaigne
			Critique littéraire	*Le degré zéro de l'écriture*, Roland Barthes
Dramatique	Le drame est né au début du XVIIIe siècle du déclin de la tragédie et de l'observation des mœurs à laquelle s'est attachée la comédie. Le dénouement, souvent malheureux, n'est dû qu'à des facteurs humains.	Théâtral, prose ou poésie	Drame bourgeois	*Le fils naturel*, Denis Diderot
			Drame romantique	*Hernani*, Victor Hugo
			Drame moderne	*En attendant Godot*, Samuel Beckett

Genres	Principe	Type de textes	Type d'œuvres	Exemples
Épique	L'épopée consiste à raconter l'histoire d'un homme devenu légendaire par sa valeur surhumaine, et ses conflits avec des forces gigantesques dont il triomphe.	Poétique, narratif, descriptif	Épopée Chanson de geste Roman Récit historique	*L'Odyssée*, Homère *La chanson de Roland* *Notre-Dame de Paris*, Victor Hugo *Histoire de France*, Michelet
Merveilleux et fantastique	Dans le genre merveilleux, les évènements surnaturels sont en cohérence avec l'environnement ; dans le fantastique, le surnaturel surgit dans la vie « normale » d'un personnage.	Narratif, descriptif, poétique, théâtral	Conte de fées Fééries Romans gothiques Roman fantastique Science-fiction	*Peau d'Âne*, Charles Perrault *Ondine*, Jean Giraudoux *Frankenstein*, Mary Shelley *Le Horla*, Guy de Maupassant *Vingt mille lieues sous les mers*, Jules Verne
Tragique	Ce genre repose sur la conscience de la fatalité.	Théâtral	Tragi-comédie Tragédie religieuse	*Le Cid*, Pierre Corneille *Esther*, Jean Racine *Polyeucte*, Pierre Corneille

Au fil des siècles : un rappel des périodes littéraires

Pour renforcer votre culture générale, voici un tableau récapitulatif des principaux courants littéraires au fil des siècles. Parcourez-les, cela vous évitera quelques incompréhensions et vous permettra de mieux comprendre certaines allusions dans les textes d'aujourd'hui.

Périodes	Courants	Principe	Auteurs
XVIe siècle	L'humanisme	Mouvement intellectuel caractérisé par la foi en l'homme, par un intérêt pour toutes les formes de savoir, *via* la redécouverte des textes de la civilisation gréco-latine.	Montaigne, Rabelais, Érasme
	Le classicisme	*L'Art poétique* de Boileau expose la théorie de l'idéal classique, qui se fonde sur l'ordre et la clarté, à travers trois principes : – la Raison, force de réflexion qui dompte l'imagination ; – la Nature, écrire dans un style naturel (« Ce que l'on conçoit bien, s'énonce clairement ») sur la nature humaine ; – la Vérité, impliquant la vraisemblance et la finalité morale.	Boileau, Corneille, La Bruyère, La Fontaine, Molière, Racine
XVIIIe siècle	Les Lumières	Les écrivains philosophes se prononcent pour le triomphe de la raison permettant de sortir de l'obscurantisme et de faire la lumière sur les préjugés et l'intolérance. Ils ont la volonté de conduire l'homme au bonheur par la connaissance et l'exercice de l'esprit critique.	Diderot, Montesquieu, Voltaire, Rousseau

Périodes	Courants	Principe	Auteurs
XIXe siècle	Romantisme	Mouvement qui s'oppose à la tradition classique par la volonté de libérer l'imagination et la langue. Ses thèmes de prédilection sont la nature et l'amour.	Hugo, Lamartine, Musset, Vigny, Goethe (en Allemagne)
	Réalisme	L'organisation de la société due à l'ère industrielle est source d'inspiration pour l'artiste. Ce mouvement cherche à décrire le plus fidèlement la réalité au travers d'histoires vécues racontées avec de nombreux détails.	Un grand précurseur : Balzac
	Naturalisme	Ce mouvement se place dans le prolongement du réalisme et se donne pour but de représenter la réalité en appliquant à l'observation des phénomènes sociaux les techniques des sciences expérimentales.	Zola, Maupassant
	Symbolisme	Courant artistique et littéraire dont la volonté de se démarquer du réalisme et du naturaliste s'exprime par la recherche de nouveaux moyens d'expression pour dépasser la simple représentation réaliste.	Mallarmé, Rimbaud, Verlaine
XXe siècle	Surréalisme	Influencé par le traumatisme de la guerre, la psychanalyse, et les travaux de Marx, ce mouvement apparaît dans les années 1920 et affirme la puissance du rêve, de l'instinct et du désir contre l'ordre logique ou moral. Ce mouvement est défini par André Breton dans le *Manifeste du Surréalisme* publié en 1924.	Breton, Aragon, Artaud, Desnos, Éluard

Périodes	Courants	Principe	Auteurs
XXᵉ siècle	Existentialisme	Mouvement qui fonde sa pensée sur le fait que l'homme crée lui-même ce qu'il est, librement, à travers ses actes. « L'existence précède l'essence. »	Sartre, Simone de Beauvoir
	Oulipo	Oulipo est l'acronyme d'OUvroir de Littérature POtentielle. L'Oulipo est une association fondée en 1960 par l'écrivain et poète Raymond Queneau et le mathématicien François Le Lionnais dont les membres considèrent que les contraintes formelles permettent à l'imagination de s'exprimer.	Perec, Queneau
	Nouveau roman	Mouvement né dans les années 1950, qui remet en question les principes du roman traditionnel en détruisant les notions de personnage et d'analyse psychologique, en refusant de mettre en place une intrigue.	Alain Robbe-Grillet, Nathalie Sarraute, Claude Simon, Michel Butor

Les figures de style et l'expression écrite

Voici une synthèse sur les différentes figures de style qui vous donneront des idées pour vos textes. Et sans doute vous amuserez-vous à les repérer dans les propos de vos proches, des médias, des hommes politiques. Vous verrez, c'est une aventure quotidienne.

Les figures de construction

Analogie	n.f.	C'est l'établissement d'un lien de ressemblance entre deux ou plusieurs objets ou idées.	« Tel père, tel fils. »
Anaphore	n.f.	Répétition d'un mot en tête de plusieurs membres de phrase. L'anaphore s'emploie, surtout dans les discours ou le style déclamatoire, afin d'obtenir un effet de renforcement ou de symétrie.	« Toujours aimer, toujours souffrir, toujours mourir. » Corneille, *Suréna* (1674), I, 3.
Chiasme	n.m.	Figure de rhétorique formée à partir d'un croisement des termes, par exemple adjectif et substantif.	Une formule célèbre : « blanc bonnet et bonnet blanc. »

Ellipse	n.f.	Figure de style qui consiste à omettre un ou plusieurs éléments dans un énoncé (qui doit cependant rester compréhensible). Cette omission est syntaxique ou stylistique. Ainsi, l'ellipse du verbe est très courante dans notre langue.	« Le ciel est nuageux, le temps sombre. »
Hyperbate	n.f.	En rhétorique, c'est la figure de style qui consiste à intervertir l'ordre naturel des mots (inversion), ou à disjoindre deux termes habituellement réunis. L'efficacité réside alors dans un effet de choc, ou la plus grande mise en valeur d'un mot-clé.	« Grand a été Napoléon… »
Inversion	n.f.	Déplacement d'un mot ou d'un groupe de mots par rapport à l'ordre normal ou habituel de la construction. Par exemple, l'inversion du sujet se produit dans l'interrogation. L'inversion est aussi une forme poétique, ou peut être utilisée en style oratoire.	« Veux-tu m'aider ? » « Si beau est ce pays, si belle est cette région. »
Oxymore ou Oxymoron	n.m.	Figure consistant à allier deux mots de sens contradictoires afin d'obtenir une plus grande force expressive.	« Cette obscure clarté qui tombe des étoiles… »

Parataxe	n.f.	C'est une construction par juxtaposition, sans qu'un mot de liaison indique la nature précise du rapport entre les groupes de mots ou des propositions.	« Cela va sans dire, je pense… »
Pléonasme	n.m.	C'est l'emploi d'un terme ou d'une expression qui ne fait qu'ajouter une répétition à ce qui vient d'être énoncé.	« Descendre en bas », « monter en haut », « je l'ai vu, de mes yeux vu… »
Prétérition	n.f.	En rhétorique, c'est la figure par laquelle on attire l'attention sur un élément tout en déclarant n'en pas parler.	« Je ne parlerai pas de… », « Monsieur D., pour ne pas le nommer… », « je ne dirai rien de ses qualités… », « je n'évoquerai pas l'immensité de ses travaux… »

Figures de mots

Allégorie	n.f.	Œuvre ou image qui symbolise une idée abstraite.	L'allégorie de la Fortune est une femme aux yeux bandés, celle de la Justice est une balance avec deux plateaux.
Alliance de mots	n.f.	C'est le rapprochement audacieux de mots qui semblent d'abord incompatibles (cf. l'oxymore ou oxymoron).	« Obscure clarté », « solidité fragile », « douce violence », « se hâter lentement ».
Allusion	n.f.	L'allusion est une opération ou une figure qui consiste à susciter l'idée d'une personne ou d'une entité sans la mentionner expressément.	« Ce garçon en rouge, avec ses mèches blondes, tu vois qui je veux dire ? »

Antiphrase	n.f.	Procédé consistant à employer un mot ou une locution dans un sens contraire au sens véritable. Cela peut se faire par ironie ou par euphémisme.	« C'est du beau ! » ou « c'est du joli ! » pour signifier « c'est affreux ! »
Antonomase	n.f.	Opération consistant à désigner un personnage par un nom commun ou une périphrase qui le caractérise. Ou encore, figure consistant à remplacer un nom par l'énoncé d'une qualité propre à l'objet ou à l'être qu'il désigne.	« La capitale » ou « la Ville lumière », pour Paris, « la Dame de Fer » pour Margaret Thatcher, « un Harpagon » pour un avare.
Catachrèse	n.f.	Figure de rhétorique qui consiste à détourner un mot de son sens propre.	À cheval sur un mur. Le flanc d'une montagne. Les pieds d'une chaise, d'un fauteuil ou d'une table.
Circonlocution	n.f.	Cette tournure s'apparente à la périphrase, en voilant plus ou moins l'objet visé ou l'idée affirmée. C'est une manière détournée de s'exprimer, par souci de ne pas dire brutalement ou directement sa pensée.	« Je ne dirai pas que je ne suis pas partisan de cette réforme » signifie « je l'accepte sans enthousiasme. »
Contraste	n.m.	Opposition de mots ou d'idées tendant à renforcer l'effet.	« Si jeunesse savait, si vieillesse pouvait. »
Emphase	n.f.	C'est l'exagération du style ou du choix des mots. Elle peut convenir dans l'art du discours, mais elle doit plutôt être évitée dans la rédaction.	« Les plus grandes choses n'ont besoin que d'être dites simplement, elles se gâtent par l'emphase. » (La Bruyère)

Euphémisme	n.m.	Figure consistant à fournir une expression atténuée d'une notion.	Un professeur indulgent pourra dire à un étudiant que sa copie ne vaut pas la moyenne, ou qu'elle n'est « pas assez bonne », pour éviter de lui dire expressément qu'elle est très mauvaise.
Euphonie	n.f.	Qualité de rédaction ou d'élocution qui tend à rendre la prononciation douce et agréable pour l'auditeur.	Le « qu'en dira-t-on. »
Exagération	n.f.	Action d'exagérer, c'est-à-dire de présenter un élément comme plus grand ou plus important qu'il ne l'est dans la réalité.	« Ce type est parfaitement ignoble ! »
Hypallage	n.f.	C'est la figure de style qui consiste à attribuer à certains mots d'une phrase ce qui conviendrait à d'autres de la même phrase.	« Rendre quelqu'un à la vie », au lieu de « rendre la vie à quelqu'un. »
Ironie	n.f.	Cette figure de rhétorique est une façon de se moquer de quelqu'un (ou de quelque chose), en disant le contraire de ce que l'on paraît faire entendre.	Un client dira en sortant d'un mauvais restaurant : « Quel régal ! » ou « jamais nous n'avons aussi bien mangé ! »
Métaphore	n.f.	Figure de rhétorique et procédé de langage qui consiste à employer un terme concret dans un contexte plus abstrait.	« Ne pourrons-nous jamais, sur l'océan des âges, jeter l'ancre un seul jour ? » (Lamartine, *Le Lac*)

Métonymie	n.f.	Désignation d'un concept au moyen d'un autre concept qui lui est lié : le contenant pour le contenu, le siège ou un bâtiment pour une institution.	L'appellation « Bercy » désigne à la fois un quartier de Paris, un ensemble immobilier (siège du ministère de l'Économie, des Finances et de l'Industrie), et le ministère lui-même.
Symbole	n.m.	C'est ce qui représente une chose ou une entité en vertu d'une correspondance analogique.	La colombe est le symbole de la paix.

Figures de pensée

Antithèse	n.f.	C'est l'opposition de deux expressions ou de deux pensées que l'on rapproche dans le discours ou dans la rédaction pour en faire mieux ressortir le contraste.	Exposer la thèse, puis l'antithèse, pour mieux effectuer la synthèse.
Apostrophe	n.f.	En littérature, c'est la figure de rhétorique par laquelle un orateur interpelle une personne ou une entité. Dans le langage courant, c'est une interpellation brusque, brutale, sans politesse.	« Ô Dieu, pourquoi m'as-tu abandonné ? » « Vous ! Venez ici immédiatement ! »
Hyperbole	n.f.	Figure de style qui consiste à mettre en valeur une idée ou une notion au moyen d'une expression qui la dépasse manifestement.	Appliquer des expressions telles que « cataclysme » « marée noire » ou « raz-de-marée » à des phénomènes mineurs.
Litote	n.f.	C'est la figure de rhétorique qui consiste à atténuer l'expression de la pensée. L'objectif est de faire entendre le plus en disant le moins.	Dans *Le Cid*, le célèbre mot de Chimène à Rodrigue : « Va, je ne te hais point… »

Des connaissances sur la langue française

C'est un sujet assez fréquemment abordé en concours, et qui n'est pas réservé aux épreuves littéraires. Il y a en effet un goût pour la langue et la littérature – héritage des Humanités – qu'on ne saurait ignorer.

Voici donc quelques éléments pour les non-spécialistes.

Un peu d'histoire...

Après avoir été pendant plusieurs siècles la langue diplomatique de l'Europe, depuis la Renaissance (après le latin du Moyen Âge) jusqu'au début du siècle dernier, la langue française conserve son prestige international, notamment grâce à la *francophonie* et à ses institutions.

L'empereur Charles Quint (né à Gand en 1500 et mort en Estrémadure en 1558), étant d'une famille princière bourguignonne, avait pour langue maternelle le français. Vu l'immensité de son empire, qui domina l'Europe et les Amériques, il lui fallait devenir polyglotte.

« J'ai appris l'italien pour parler au pape, l'espagnol pour parler à ma mère, l'anglais pour parler à ma tante, l'allemand pour parler à mes amis, et le français pour me parler à moi-même. »

La langue française est (quand elle est bien parlée, comme beaucoup d'autres langues) belle, harmonieuse, et précise. Les grands écrivains européens l'ont reconnue comme telle, de même que les Chefs d'État ou les diplomates.

« Ma tête dit l'anglais ; mon cœur, le russe ; mon oreille le français. »

Vladimir Nabokov (Saint-Pétersbourg 1899 – Montreux 1977)

Les grands écrivains comme Rabelais ou Montaigne, les grammairiens comme Vaugelas, les critiques comme Boileau, ont proclamé leur attachement à la langue française. Ils ont œuvré à la fois pour sa *pureté* et pour son *enrichissement*. Mais ces deux objectifs sont parfois contradictoires !

« N'employez jamais un mot nouveau, à moins qu'il n'ait ces trois qualités : être nécessaire, intelligible et sonore. »

Ce conseil donné par Voltaire (1694-1778) pourrait servir de maxime aux Commissions de terminologie et de néologie (commissions créées dans la plupart des ministères pour enrichir notre langue dans de multiples domaines). Il reste à espérer que les nouveaux mots introduits soient non seulement techniquement utiles mais encore en conformité avec les principes et l'harmonie de notre langue.

L'académicien Jean d'Ormesson a écrit en ce sens un excellent propos, en espérant conjurer la maladie de notre langue.

« Je suis laxiste en matière de langue, et j'accepte avec joie néologismes et argot, mots étrangers, drôleries de toutes sortes, fantaisies et calembours… Mais, je voudrais que la langue reste claire pour qu'on puisse s'en servir, élégante et légère pour qu'on y prenne plaisir, univoque et rigoureuse pour que l'esprit ne s'y égare pas. »

Jean d'Ormesson (né en 1925), *La France malade de sa langue.*

Voici, pour terminer, quatre beaux paragraphes extraits du livre de Jean-Marie Rouart, de l'Académie française, *Adieu à la France qui s'en va*[1].

---

1. Publié aux Éditions Grasset.

« J'aime, dans la langue française, sa mélodie sensuelle, claire comme un rayon de lune. Cette clarté, dans un ton à la fois triste et gai, doux et amer, je la retrouve dans les chansons populaires… »

« … Cette langue de l'amour qu'illustrent Marivaux, Musset, Apollinaire, subitement elle est capable de devenir aussi la langue de la liberté. Cela devient alors la langue de Montaigne, de Voltaire, de Montesquieu, de Victor Hugo, d'Émile Zola. »

« Sans les mots, la France n'existerait pas. Elle est une construction de mots. La France et les Français se sont rejoints et compris par cette langue qui les constitue et exprime ce qu'ils sont. La France a été conquise et unifiée par la langue. Une langue qui, selon Michelet, est le plus haut principe de la nationalité, et qui possède un principe spirituel. »

« Pour les Français, dans leur inconscient, cette langue est non seulement le signe de l'appartenance à une communauté, mais celui d'une union mystique. Parler, écrire le français, c'est communier avec l'âme de la France. »

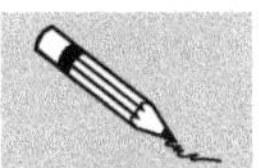 *S'entraîner*

Suggestions d'activités personnelles

Pour chacune des citations de cette fiche, rédigez une ou deux pages de commentaires.

Effectuez un commentaire oral de trois à cinq minutes.

Rédigez une synthèse de vos commentaires en trois ou quatre pages bien structurées.

Effectuez un commentaire oral de dix à quinze minutes (et plus, si l'oral de votre concours comporte une épreuve longue, avec commentaires ou exposés pouvant aller jusqu'à vingt ou trente minutes).

Repérer et employer les articulations logiques

Pour les diverses épreuves, écrites ou orales, des examens et concours, puis pour la rédaction professionnelle, il importe de bien maîtriser les articulations logiques.

À quoi servent les articulations logiques ?

Leur fonction est d'indiquer des enchaînements d'idées, soit à l'intérieur d'un même paragraphe, soit d'un paragraphe à l'autre, soit entre les différentes parties de votre plan. Ainsi, elles explicitent et mettent en valeur les liens entre les éléments d'un message, le cheminement de votre pensée, les diverses étapes du déroulement de votre exposé.

Bien maîtriser les articulations logiques est utile pour les dissertations ou la correspondance aussi bien que pour les exposés et l'argumentation orale. Elles confortent votre argumentation, aident à mieux animer un dialogue ou une discussion, et renforcent votre capacité de persuasion.

Réussir

Bien utiliser les articulations logiques

Veiller à les employer à bon escient : vous ne devez pas en insérer de façon trop artificielle, ni les multiplier de façon excessive.

Ne répétez pas trop de fois les mêmes formules dans un même document.

À l'oral, attention aux tics de langage (efforcez-vous de vous contrôler, ou demandez à des collègues de vous présenter des observations).

Privilégiez la qualité du raisonnement. Chaque formule doit s'insérer harmonieusement dans son contexte et « apporter vraiment quelque chose », ce qui vaut pour le fond, mais aussi pour la forme de votre propos.

Les formules d'annonce, ou articulations d'amorce

Comme leur nom l'indique, elles annoncent ce qui va suivre. Certaines peuvent aussi souligner que ce qui a été dit ou ce qui va suivre n'est qu'un moment de la pensée, en laissant entendre que celle-ci suivra son cours, et que d'autres éléments seront présentés ultérieurement.

Les formules introductives simples

Elles s'apprennent dès l'école primaire, puis s'enrichissent au cours des études et dans la vie professionnelle.

- D'abord…
- En premier lieu…
- Avant tout, avant toutes choses…
- Premièrement…
- Voici d'abord…
- Commençons par…
- Notre première idée…
- Notre premier principe…
- Le point de départ doit être…
- Je tiens d'abord à vous dire…
- Je voudrais d'abord vous dire, exposer, souligner l'idée…
- Il me faut d'abord préciser…
- Un point initial s'impose…
- Voici une remarque liminaire…
- En exergue à cette allocution…

Progression du raisonnement

Certaines annonces marquent une gradation, ou mieux encore une progression du raisonnement :

- En premier lieu…
- En second lieu…
- D'abord…
- Plus encore…
- Une première observation…
- Un argument encore plus fort…
- Il convient d'abord…
- Il faut ensuite…
- Il importe enfin…

Remarquez la double ou triple gradation :

- gradation temporelle des adverbes : d'abord…, ensuite…, enfin… ;
- gradation de force croissante des verbes : il convient…, il faut…, il importe…

Le premier terme d'une énumération

- D'une part…
- En premier lieu…
- Ma première remarque portera sur…
- Ma première proposition est la suivante…
- Voici ma première proposition…
- Je vous présenterai une première réflexion…
- Voici un premier principe…
- Notre premier point est évidemment…
- Une première définition s'impose…

Après avoir utilisé le premier terme d'une énumération, il faut marquer très nettement le moment où vous passerez au second point. Il est toujours très gênant pour le lecteur de ne pas bien savoir où il en est (… et les jurys sanctionnent les défauts de construction).

L'annonce d'une alternative

- Ou… ou…
- Ou bien… ou bien alors…

- Et… et…
- Soit… soit…
- D'une part… d'autre part…
- D'un côté… et de l'autre…
- L'un… l'autre…
- Les uns… les autres…
- Les premiers… les suivants…

Réussir

Attention à la succession logique

Voici un défaut fréquemment relevé dans les copies, ou plus encore à l'oral des concours : des candidats annoncent le premier terme d'une alternative… mais ils oublient le deuxième. Ainsi, le candidat écrit « d'une part… », mais le lecteur attend vainement le « d'autre part… ». Ou encore, le candidat annonce « le premier point », mais le jury ne voit pas le deuxième arriver de façon précise.

Donc, pour éviter toute déconvenue, procédez à une mise au point en élaborant votre plan détaillé. Et relisez vos copies avec le plus grand soin pour vérifier.

Puis entraînez-vous afin que le bon usage de ces interventions logiques vous vienne tout naturellement au cours de vos interventions orales (ou même dans la vie courante : c'est alors un simple travail de développement personnel).

La préparation d'une opposition, d'une concession ou d'une restriction

- Certes…
- Cependant…
- Je dois dire…
- Il convient de remarquer que…
- S'il est vrai que…
- Il se peut que… mais…
- Il faudrait aussi considérer…
- Je me permets de faire observer…
- Je voudrais tout de même intervenir…

– Il reste à prendre en considération…
– N'oublions surtout pas que…
– J'admets volontiers que… mais…

L'annonce d'un exemple ou d'une illustration

– Par exemple…
– Voici un premier exemple…
– Prenons le cas de…
– Ainsi en va-t-il de…
– De même…
– De même que…
– À cet égard, il convient de signaler… de souligner…
– Je voudrais apporter une illustration de cette idée…
– Il convient d'examiner le cas de…
– Voici justement une illustration de votre pensée…

Formules d'annonces diverses

Ces formules peuvent comporter des nuances différentes.

– Je précise que…
– Il faudrait savoir…
– Il reste le fait que…
– Pensons aussi à…
– Nous pouvons préciser, ajouter, observer…

Les articulations de liaison

Elles marquent un lien, simple ou fort, entre ce qui précède et ce qui suit.

L'addition, la connexion, la coordination ou la juxtaposition

– Et…
– Puis…
– Ensuite…
– Aussi…

– Également…
– Ou encore…
– De même…
– D'ailleurs…

- De plus…
- Bien plus…
- Plus encore…
- En outre…
- De surcroît…
- Dès lors…
- De la même manière…
- De manière similaire…

- Pareillement…
- C'est ainsi que…
- Ainsi en va-t-il de…
- Passons à présent à…
- Venons-en maintenant à…
- Après avoir considéré…
  il convient maintenant de…

La distinction, la différenciation ou la disjonction

- D'une part… mais d'autre part…
- À l'exception de…
- Même si… cependant…
- Il faut toutefois mettre à part…
- Nous devons dissocier le cas de…
- Nous sommes d'accord sur… mais…
- Il faudrait cependant remarquer que…

L'insistance, le renforcement

- De plus…
- D'autant plus que…
- À plus forte raison…
- A fortiori…
- Non seulement… mais encore…
- Je me permets d'insister sur…
- J'insisterai d'autant plus que…
- Permettez-moi de souligner…
- Je dois le souligner avec d'autant plus de force que…

La relation de cause à effet

Les causes, les motifs, les raisons

- Car…
- En effet…

- À cause de…
- D'où…

- Du fait de…
- En raison de…
- Comme…
- Parce que…
- Puisque…
- Attendu que…
- Étant donné que…
- Vu que…
- Il s'ensuit que…
- De ce fait…

- De sorte que…
- En sorte de…
- Eu égard à…
- En raison de…
- Par suite de…
- C'est pourquoi…
- Au motif de…
- J'y vois la cause suivante…
- D'après ce que vous nous dites…

La conséquence

- Donc…
- Aussi…
- Ainsi…
- Alors…
- Dès lors…
- Dans ces conditions…
- Partant de là…

- C'est pourquoi…
- Par suite…
- Enfin…
- Il en résulte que…
- Dès lors, il s'ensuit…
- Il ne faut pas s'étonner que…

L'opposition

- Mais…
- Cependant…
- Pourtant…
- Toutefois…
- Malgré…
- Néanmoins…
- Nonobstant…

- En dépit de…
- En revanche…
- À l'inverse…
- Au contraire…
- Par contre…
- Contrairement à…
- Les uns… mais les autres…

La nuance, ou la confirmation avec changement de point de vue

- Au demeurant…
- D'ailleurs…
- Du reste…
- Aussi bien…

– Oui… mais…
– Il est à noter que…
– Je suis bien d'accord sur l'essentiel, mais…
– Tout bien considéré, nous devons signaler…

Les articulations de spécification

– Soit…
– À cet égard…
– À ce propos…
– À ce sujet…
– À cette fin…
– Dans ce but…
– Dans cette perspective…
– Dans ce dessein…
– Sous ce rapport…
– En l'espèce…
– En l'occurrence…
– À savoir…
– C'est-à-dire…

– En particulier…
– Notamment…
– Par exemple…
– À titre d'exemple…
– Au demeurant…
– Au reste…
– Du reste…
– Au surplus…
– C'est ainsi que…
– Ainsi en va-t-il de…
– À l'image de…
– À l'instar de…
– De même que…

Les articulations de rappel

Elles renvoient à ce qui a déjà été exprimé (immédiatement ou antérieurement).

– Ainsi…
– De même…
– D'où…
– De là…
– Pour cela…
– Pour mémoire…
– Pour rappel…
– Ce n'était qu'un premier point…
– C'est un point acquis, d'accord…
  Mais ensuite…
– N'en restons pas là…
– Il faut poursuivre ce raisonnement…

– Nous devons poursuivre
  cette réflexion…
– À nouveau… Il nous faut le redire…
– Sans oublier…
– Inutile de préciser que…,
  de rappeler que…
– Cela va sans dire…
– Voilà ce qui a été dit…
– Comme nous le disions…
– Comme vous le disiez
  précédemment…

Les articulations de terminaison et les formules de conclusion

Elles indiquent la fin d'une énumération, ou le terme d'un développement. Si c'est la fin de votre composition ou de votre exposé, il s'agit alors de la conclusion générale. Lors des prestations orales, il convient de marquer très clairement que vous avez bien terminé.

- Donc…
- Au total…
- Enfin…
- Finalement…
- En résumé…
- En définitive…
- Voilà enfin…
- Pour conclure…
- Pour terminer…
- Pour mettre un terme à…
- En conclusion…
- Telle est notre conclusion…

- Tout bien considéré, nous en arrivons finalement à…
- Il nous faut maintenant conclure…
- Ce sera notre dernier point…
- C'était notre dernier point…
- C'est notre point final…
- Afin de ne pas trop prolonger ce débat…
- J'achèverai en soulignant…
- Je ne voudrais pas terminer sans citer…

 *Réussir*

Recommandation particulière pour l'emploi de ces dernières formules

À l'oral, il est indispensable de bien marquer votre conclusion. Sinon, le jury pourrait croire que vous n'avez pas terminé, et il s'instaurerait un silence gênant.

Si l'épreuve d'exposé ou commentaire est en temps limité, attention à bien respecter le terme réglementaire. Sinon, c'est le jury qui vous dira : « Nous vous invitons à conclure… ».

Bien définir

Il est parfois difficile de bien définir un mot. Qu'il s'agisse d'une question de vocabulaire posée sur un texte ou de la phase de définition des différents termes d'un sujet, il est important d'être précis. S'entraîner à donner le sens des mots ou des expressions peut vous aider au moment des épreuves.

Bon à savoir

Définir

Donner le sens ou les différents caractères d'une notion au moyen de termes précis. Il est bon de compléter une définition en l'illustrant par des exemples précis.

La définition de plusieurs termes connexes s'imposera souvent pour des motifs pédagogiques.

Bien expliquer au destinataire les éléments essentiels, lui présenter de façon précise les notions clés. Exemple pour un dossier électoral : bien définir à la fois les termes juridiques et ceux qui s'appliquent à l'organisation des opérations.

Faut-il apprendre des définitions ?

La réponse est positive pour certaines définitions de base, selon votre discipline d'étude, ou votre champ professionnel. Cela s'explique par un double souci :

- le premier – et le plus noble – est le souci de rigueur scientifique ;

- le second n'est pas d'un niveau aussi élevé sur le plan moral ou sur le plan intellectuel, mais il n'en est pas moins stratégiquement important : c'est tout simplement le souci de ne pas avoir à subir de pénalisations.

Dans les divers domaines scientifiques, la *rigueur des définitions* est la base même de la science et la condition première du progrès, puisqu'elle permet de constituer le langage et de développer la communication et les échanges. La communauté scientifique y veille, et les pouvoirs publics s'en sont aussi préoccupés, en multipliant les *commissions de terminologie.*

Un étudiant qui aborde une science doit donc se préoccuper d'abord d'en acquérir les notions essentielles, le *langage de base,* c'est-à-dire tout simplement un stock de définitions. Et cela vaut bien entendu pour le droit ou l'économie comme pour les sciences dites « dures ». C'est un travail « primaire » certes, mais indispensable. C'est une discipline à laquelle nul ne peut échapper. Vous en ferez donc une *tâche prioritaire.*

À cet égard, il n'y a pas de « miracle », ni même de « solution de facilité ». Il est une solution première en ce qui concerne les définitions : il faut les apprendre par cœur. Cela ne veut pas du tout dire que la mémoire doit « tourner à vide ». Il est certain que la mémoire doit être intelligente. Répétons-le après beaucoup d'autres professeurs : il ne suffit pas d'apprendre, il faut comprendre ; et tout ce qui est bien compris restera bien acquis. Ainsi une bonne mémoire est une qualité intellectuelle fondamentale.

L'intelligence consiste aussi à savoir mettre en relation les notions essentielles, non seulement au sein d'un même champ lexical ou d'une même discipline, mais aussi d'une discipline à l'autre (cf. les principes de pluridisciplinarité ou interdisciplinarité, qui figurent notamment dans les lois sur l'enseignement supérieur). Cela vaut particulièrement pour les sciences juridiques, économiques et politiques, dont beaucoup de notions se recoupent ou doivent être rapprochées.

 *Réussir*

La maîtrise des définitions

C'est la condition première du succès dans les dissertations à l'écrit, ou dans les exposés à l'oral. En outre, lors des épreuves de conversation avec le jury ou lors des oraux techniques, une forte proportion des questions porte directement sur des définitions, ou bien en implique immédiatement.

La richesse de la réponse pourra alors justifier des points de bonification. À l'inverse, les hésitations (à l'oral), et plus encore les imprécisions ou les erreurs (dans toutes les épreuves) entraîneront des points de pénalisation.

Comme vous le savez, le premier travail du candidat placé devant un sujet de dissertation ou d'exposé consiste à le définir : c'est-à-dire définir les mots-clés et définir les relations logiques entre ces mots-clés et les principales notions ou idées évoquées à cette occasion.

La maîtrise des définitions vous permet alors d'éviter les contresens, les faux sens ou les digressions. Vous éviterez à la fois les erreurs de compréhension au départ et les erreurs ou digressions dans vos développements.

À l'oral, donner facilement des définitions que vous connaissez par cœur vous permettra de réfléchir concomitamment aux développements à donner à vos réponses.

Il est permis d'hésiter (un certain temps, ou même longtemps…) sur de grands problèmes de principes, voire sur des jugements ou décisions politiques… mais non sur des définitions. En principe, les définitions sont claires et précises, uniformément admises. Le candidat doit donc les reproduire immédiatement de façon impeccable. Lorsqu'il y a des controverses sur des définitions (cela arrive de temps en temps dans certains domaines du droit, ou encore en économie), le candidat doit être capable de les exposer clairement : le jury le jugera là-dessus, sur la qualité de l'exposé sur les diverses positions, leur histoire ou le cœur des controverses, à défaut de pouvoir le juger sur une définition immédiate.

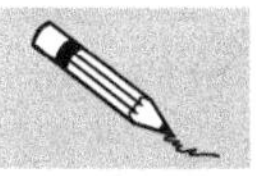

S'entraîner

Exposer clairement

Au cours de votre préparation, il faut donc vous entraîner à énoncer clairement des choses complexes, des concepts subtils et/ou mouvants. Vous pourrez en faire un exercice oral quotidien, de préférence devant votre magnétophone : vous commencez à parler en donnant une définition, et dans le même temps vous travaillez mentalement à la suite de votre réponse. C'est une technique bien connue des meilleurs orateurs ou conférenciers… à vous de l'employer, à un niveau plus modeste.

Cet exercice peut paraître très difficile, mais il faut savoir qu'il correspond à des situations fréquentes dans la vie professionnelle. D'ailleurs, vous l'avez probablement déjà pratiqué et adopté dans la vie quotidienne.

 **S'organiser**

Créer des recueils de fiches

Il faut vous constituer des lexiques personnels, ou des recueils de fiches.

Nous vous recommandons d'utiliser des fiches cartonnées au format commercial, qui permettent de prendre des notes substantielles.

Vous pourrez dupliquer certaines fiches (les mots polysémiques peuvent représenter plusieurs entrées ; les notions essentielles répertoriées dans votre fichier peuvent figurer aussi dans des résumés de cours ou des dossiers documentaires).

Voici les divers éléments pouvant figurer dans une fiche substantielle :

- la discipline, le chapitre ou le champ sémantique auxquels la notion se rattache ;
- l'étymologie du mot (il est utile de connaître les racines grecques ou latines, ou éventuellement l'origine anglaise ou américaine, ou autre) ;
- la date d'apparition du mot, ou au moins son époque (ou les époques au cours desquelles il a eu une ou des significations marquantes) ;
- les diverses définitions du mot, dans l'ordre historique d'apparition de chaque signification, ou les grands auteurs qui les ont formulées (juristes, économistes, philosophes…) ;
- pour les notions administratives et juridiques (ou encore économiques), la référence des principaux textes législatifs ou réglementaires concernant la notion ;
- d'autres éléments, d'ordre historique ou d'actualité, des faits et des exemples ;
- de plus en plus souvent, des éléments d'ordre européen ou international ;
- vous pourrez noter aussi diverses références d'ouvrages : ceux des « grands auteurs » ou théoriciens, vos manuels ou cours polycopiés (avec des renvois à tel ou tel chapitre), les ouvrages d'actualité sur la question ;
- éventuellement encore, les travaux en cours, notamment sur le plan gouvernemental ou parlementaire (exemple : les travaux de codification, les grands projets de lois, l'harmonisation européenne et la coopération internationale).

Un conseil pratique : ne surchargez pas vos fiches.

Utilisez les technologies de l'information et de la communication pour chercher des définitions ou des articles essentiels dans les textes législatifs ou réglementaires, ou des extraits de déclarations, discours et rapports officiels (et pas seulement dans Wikipedia, s'il vous plaît : diversifiez vos sources !).

Une aide : les préfixes et les racines

Les préfixes

Certains préfixes ou suffixes signifient toujours la même chose. En voici quelques-uns avec leurs significations.

Préfixe	Signification	Exemple
A, an	Privation	Aphone
Amphi	Autour, doublement	Amphithéâtre
Ana	Changement	Anagramme
Anti	Contre	Antipathie
Apo	Éloignement	Apogée
Archi	Supériorité	Archiduc
Cata	En bas	Catacombes
Dia	À travers	Dialyse
Dys	Difficulté	Dysfonctionnement
Em, en	Dans	Encéphale
Endo	En dedans	Endoderme

Préfixe	Signification	Exemple
Exo	En dehors	Exogamie
Épi	Sur	Épiphénomène
Eu	Agréable	Euphorie
Hémi	Demi	Hémisphère
Hyper	Au-dessus	Hypermarché
Hypo	Au-dessous	Hypodermique
Méta	Après	Métaphysique
Para	Contre, auprès	Paratonnerre, parasite
Péri	Autour	Périmètre
Sy, syn, sym	Avec	Sympathie

Les racines grecques

Racine	Signification	Exemple
Aèr	Air	Aérien
Algos	Douleur	Névralgie
Anthröpos	Homme	Anthropologue
Archaios	Ancien	Archéologie
Archè	Pouvoir	Monarchie
Autos	Soi-même	Autogène
Baros	Poids	Baromètre
Bathus	Profond	Bathymétrie
Biblion	Livre	Bibliothèque
Bios	Vie	Biologie

Préfixe	Signification	Exemple
Chronos	Temps	Chronologie
Chrôma	Couleur	Chromatique
Dactulos	Doigt	Dactylographie
Dèmos	Peuple	Démocratie
Dromos	Course	Hippodrome
Gaster	Estomac	Gastrite
Gè	Terre	Géographie
Gennaô	Je produis	Cancérigène
Gônia	Angle	Polygone
Grapho	J'écris	Orthographe
Haima	Sang	Hémophilie
Hélios	Soleil	Héliotrope
Hepta	Sept	Heptagone
Hex	Six	Hexagone
Hippos	Cheval	Hippodrome
Homos	Semblable	Homonyme
Hudôr	Eau	Hydropique
Isos	Égal	Isocèle
Kakos	Mauvais	Cacophonie
Képhalè	Tête	Encéphalite
Kinèma	Mouvement	Cinématographe
Kosmos	Monde	Cosmographie
Kratos	Force, pouvoir	Démocratie

Préfixe	Signification	Exemple
Kruptos	Caché	Cryptogramme
Lithos	Pierre	Lithographie
Logos	Discours	Monologue
Mélos	Air, musique	Mélodie
Métron	Mesure	Mètre
Mikros	Petit	Microscope
Monos	Un seul	Monopole
Nékros	Mort	Nécropole
Néos	Nouveau	Néophite
Neuron	Nerf	Neurologue
Nomos	Loi	Autonome
Orthos	Droit	Orthographe
Pas, pan, pantos	Tout	Panacée
Pathos	Souffrance	Pathologie
Penté	Cinq	Pentagone
Phagos	Mangeur	Anthropophage
Philos	Ami	Philosophe
Phobos	Horreur, crainte	Hydrophobe
Phônè	Voix	Microphone
Phyton	Nouveau	Néophyte
Polis	Cité, ville	Politique
Polus	Nombreux	Polyglotte
Prôtos	Premier	Prototype

Préfixe	Signification	Exemple
Pseudos	Mensonge	Pseudonyme
Skopô	Observer	Microscope
Sophia	Sagesse	Philosophie
Technè	Art	Technologie
Télé	Loin	Téléphone
Théos	Dieu	Théologie
Thermos	Chaud	Thermomètre
Tomè	Coupure	Laparotomie
Zoè, zôon	Vie, animal	Zoologie

Bien composer à l'écrit : réussir l'introduction et la conclusion

Quelle que soit l'épreuve que vous aurez à traiter, que ce soit à l'écrit ou à l'oral, vous devrez pour être compris et apprécié présenter votre travail de façon ordonnée. C'est ce à quoi servent les deux éléments clés que sont l'introduction et la conclusion.

En outre, si vous apprenez à bien faire une introduction, vous mettez ensuite sur la voie du bon travail tout le reste de votre prestation, qu'elle soit écrite ou orale.

L'introduction : politesse et publicité

- Elle doit donner au lecteur ou à l'auditeur tous les éléments nécessaires à la compréhension de ce que vous allez dire ou écrire.
- Elle doit aussi vous servir à montrer… que vous savez bien faire.

C'est une politesse faite au lecteur ou à l'auditeur, une invitation à lire ou écouter… et aussi la publicité faite à vos talents : ne l'oubliez pas, ne la négligez pas !

 *Réussir*

Une bonne introduction se joue en trois ou quatre temps :

1. Situer le texte, l'auteur, l'époque.
2. Dire le thème principal.

3. Formuler le problème posé.
4. Annoncer votre plan.

NB : vous pouvez regrouper les points 2 et 3 si le texte n'est pas trop complexe.

Exemple d'introduction

> La mondialisation a créé une interdépendance à la fois généralisée et non maîtrisée entre 192 États et d'innombrables acteurs multilatéraux ou non étatiques. Étant donné qu'il n'y a quasiment plus aucun problème qui ne se négocie à deux, et qu'un grand pays comme la France est engagé à tout moment dans des négociations difficiles avec des dizaines de pays ou d'organisations dans tous les domaines, notre capacité à analyser les positions des autres pays ou acteurs, à anticiper leur évolution, leurs alliances, leurs désaccords, à évaluer les possibilités de compromis, à saisir les moments opportuns, bref, à anticiper et à négocier, est donc vitale.
>
> Hubert Védrine, *Rapport au président de la République sur la mondialisation* (extrait), août 2007.

Le texte qui nous est proposé est extrait d'un rapport officiel sur la mondialisation, rédigé en 2007 par Hubert Védrine, ancien ministre des Affaires étrangères de la France, à l'intention du président de la République. L'auteur s'attache à montrer les défis à relever dans le contexte actuel mondialisé et les qualités à développer pour ce faire [points 1 et 2].

Puisque les décisions ne se prennent plus sans tenir compte des autres pays, nous devons développer nos capacités d'analyse et de négociation ; mais le peut-on toujours, alors que les pays sont inégaux en force et en influence, telle est la question [point 3] ?

Nous verrons donc d'abord les arguments développés par l'auteur en faveur des capacités d'analyse et de négociation plutôt que de la force, puis nous nous demanderons s'il ne faudrait pas réussir à allier les deux, dans la mesure du possible [point 4].

Les erreurs à éviter

- Les phrases de début trop générales, qui introduisent tout... et rien. Par exemple : « De tout temps l'homme s'est posé la question de sa sécurité... » (si c'est une évidence, alors ça n'apporte rien).
- Les phrases trop longues, sauf si elles sont très bien structurées.
- Les mots imprécis : la solidarité n'est pas la charité ; la sécurité (sociale ou pas) n'est pas la protection (sociale ou pas).
- Les phrases d'annonce de plan vides. Ne dites pas, n'écrivez pas : « En première partie, j'expliquerai le texte, et en seconde partie, je le critiquerai ». Cela, c'est votre plan de travail ; ensuite vous devez donner du contenu à votre démarche... sinon vous n'annoncez rien.

La conclusion : respecter l'autre, se valoriser

Conclure c'est là encore se soucier du lecteur ou de l'auditeur, et se soucier aussi de soi, (de sa note, de sa réussite, de la bonne image de sa prestation écrite ou orale).

Pour cela, il vous faut :

- rappeler brièvement vos apports ;
- tirer un bilan ;
- montrer l'intérêt du texte (et de vos dires) et ouvrir des perspectives... sans toutefois en faire un nouveau devoir ; une phrase suffit.

Le cas particulier du résumé

L'introduction d'un résumé ne correspond pas au modèle en 3 ou 4 points présenté ci-dessus. Pour autant, vous devez veiller à ce que les éléments d'information utiles pour le lecteur, que vous tirez du texte à résumer, soient bien présents, et plutôt dans la ou les premières phrases de votre résumé. Il s'agit donc de :

- situer le texte (lieu, temps). Souvenez-vous que vous prêtez votre plume à l'auteur, aussi n'écrivez pas « l'auteur dit que... », et ne le présentez pas ;
- dire le thème et le problème (réponse à la question « quoi ? ») sans reprendre directement les mots de l'auteur (sauf, bien sûr, ceux qui sont incontournables) ;

- faire apparaître le plan de l'auteur de façon discrète : le plus conforme au but du résumé et le plus économique en mots, c'est l'emploi des mots-outils comme « d'abord », « ensuite », « enfin », « mais », « cependant », etc. pour marquer les étapes d'un raisonnement ou d'une chronologie (selon le texte de base, évidemment).

Il en va de même pour la conclusion : elle sera conforme à la conclusion du texte à résumer, et brève, bien sûr : évitez les redites et mettez l'essentiel en évidence, c'est-à-dire le point d'aboutissement du propos de l'auteur.

 *Réussir*

À retenir

Dans un devoir sur texte, on soigne l'introduction et la conclusion, pour soi-même comme pour l'autre, qu'il soit lecteur ou auditeur.

Présentation de la copie et relecture

Les dix règles de présentation d'une copie lisible

- Je m'entraîne régulièrement avant l'épreuve, en travaillant dans les conditions du concours. Dans toutes les occasions, je m'efforce d'écrire lisiblement, et de façon aérée.
- Je prépare bien, au brouillon, le « calibrage » de ma copie : titre et introduction, les diverses parties et sous-parties, la conclusion.
- Je dispose harmonieusement le titre (ou l'énoncé du sujet, si je dois le recopier). Si ce titre n'est pas trop long, je l'écris en lettres CAPITALES.
- Je laisse un espace suffisant pour le paragraphe introductif.
- À la fin de mon introduction, je présente de façon bien dégagée l'annonce du plan de mes développements.
- Si c'est possible, je fais débuter chaque partie principale en haut de page. Je dispose ensuite harmonieusement les sous-parties et les paragraphes.
- Je dégage bien la conclusion, et je tire un trait final.
- Tout au long de mon travail, je ne néglige aucun détail d'écriture :
  - j'écris lisiblement, et de façon suffisamment aérée ;
  - je soigne particulièrement la première lettre de chaque phrase. Si je ne réussis pas assez bien les majuscules classiques, j'utilise une grande capitale (caractère d'imprimerie) ;
  - je dispose rigoureusement les accents et la ponctuation ;
  - j'écris droit, et je soigne l'esthétique.

- Je relis avec soin. Je corrige s'il le faut, en essayant de ne pas multiplier les ratures trop laides.

Ces règles valent pour vos copies d'examen. Elles valent aussi pour toutes vos correspondances : familiale, amicale ou professionnelle. À vous de les réadapter en fonction de vos objectifs…

S'organiser

Je pense à emporter un flacon de blanc correcteur et des bandes de correction blanches autocollantes.

Bien se relire

Que ce soit pendant une épreuve ou lorsque vous réalisez des travaux préparatoires, il est impératif de bien vous relire.

En effet, lors d'une épreuve écrite, une bonne présentation et l'absence de fautes d'orthographe vous permettront de gagner des points, ou au moins de ne pas en perdre.

S'organiser

Gardez environ 10 minutes en fin d'épreuve pour relire votre copie et vérifier l'orthographe, les accords grammaticaux et la ponctuation.

Vérification des accords des groupes nominaux

- Chercher tous les déterminants pluriels (les, des, ces, mes, tes, etc.) et s'assurer que les noms qui vont avec ces déterminants sont bien au pluriel.
- Vérifier que les adjectifs qualificatifs qui les accompagnent sont bien accordés eux aussi (accords singulier/pluriel, mais aussi masculin/féminin).

Vérification de la bonne conjugaison des verbes

- Chercher tous les verbes conjugués, et le sujet qui va avec chaque verbe.
- Se rappeler les terminaisons du temps de la dictée (passé simple, imparfait, plus-que-parfait, passé composé, présent, futur simple, futur antérieur de l'indicatif, conditionnel présent, subjonctif présent, impératif présent).
- Conjuguer correctement chaque verbe avec son sujet.

Vérification de l'orthographe

- Homonymes grammaticaux : prenez bien en compte le contexte afin de déterminer l'orthographe à retenir dans vos travaux.

A/à ?

Et/est ?

Ses/ces/s'est/c'est ?

On/ont ?

Ou/où ?

- Mots difficiles : vérifiez tout particulièrement les mots un peu longs, les mots qui finissent par une lettre muette (pensez à un mot de la même famille), les mots qui ont des consonnes doubles (ll, mm, nn, ss, rr, nn, etc.).

Réussir

Une copie impeccable

Fournissez une copie impeccable. Elle « passera » mieux aux yeux du jury, qui sera alors pleinement disponible pour apprécier vos qualités de fond.

Faut-il en vouloir au jury s'il sanctionne la mauvaise présentation, la vilaine écriture, les « hiéroglyphes », les « pattes de mouche » indéchiffrables, les ratures multiples, les fautes de style ou d'orthographe ? Absolument pas ! S'il diminue alors la note, ce n'est pas seulement par énervement personnel, c'est surtout parce que c'est son *devoir* : s'il exige une *présentation impeccable*, c'est par respect pour l'Administration et pour le public, que les candidats devront servir de façon impeccable.

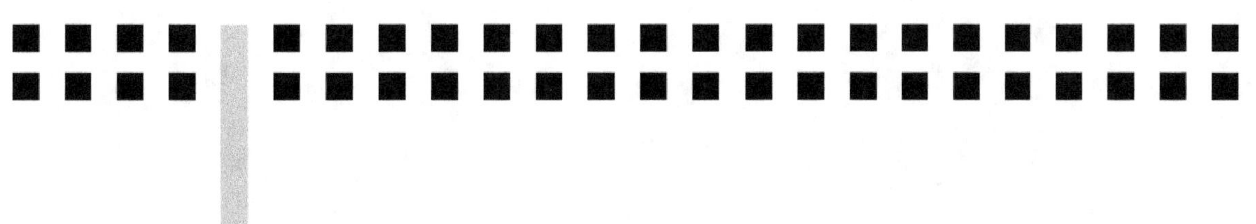

Annexes

➢ Tests d'auto-évaluation.
➢ Lexique des opérations intellectuelles (mots-clés relatifs aux techniques de travail intellectuel et à l'organisation de votre travail).
➢ Index.
➢ Corrigés des exercices d'entraînement proposés dans les fiches.

Tests d'auto-évaluation

Ces tests vont vous servir tout au long de votre préparation. Ils doivent être refaits très régulièrement, à l'issue de vos exercices d'entraînement et vous permettront de faire le point sur l'avancement de votre préparation : quels sont vos points forts ? Vos points faibles ? Quel type d'exercice devez-vous privilégier ? Etc.

Attention ! Soyez lucide, c'est-à-dire ni trop complaisant, ni trop dur avec vous-même !

Test 1 : le commentaire de texte

Répondez par oui ou par non à chaque point.

Lecture et compréhension du texte : ai-je bien repéré…

- l'auteur, son temps, ses références   oui ☐   non ☐
- le thème   oui ☐   non ☐
- le problème posé   oui ☐   non ☐
- le lieu et le temps dans le texte   oui ☐   non ☐
- la progression thématique (idées secondaires, exemples…)   oui ☐   non ☐

Élaboration du commentaire : ai-je bien…

- formulé le plan   oui ☐   non ☐
- expliqué les mots-clés et le problème posé par le texte   oui ☐   non ☐
- éclairé le point de vue de l'auteur   oui ☐   non ☐

– fait ressortir l'intérêt du texte oui ☐ non ☐

– mis en évidence ses points faibles ou contestables oui ☐ non ☐

Rédaction : ai-je bien écrit…

– une introduction et une conclusion oui ☐ non ☐

– des phrases d'annonce et de transition oui ☐ non ☐

– des phrases, des paragraphes clairs et corrects oui ☐ non ☐

> Vous pouvez aussi utiliser ce test en préparant vos devoirs, pour vérifier que vous n'oubliez rien. Ainsi, à la fin de la phase de lecture, compréhension et prise de notes, vous vérifierez que le thème et le problème sont clairs pour vous… et que vous allez pouvoir clairement les formuler.

Test 2 : le résumé de texte

Répondez par oui ou par non à chaque point.

Lecture et compréhension du texte : ai-je bien repéré…

– l'auteur, son temps, ses références oui ☐ non ☐

– le thème oui ☐ non ☐

– le problème posé oui ☐ non ☐

– le lieu et le temps dans le texte oui ☐ non ☐

– la progression thématique (idées, exemples…) oui ☐ non ☐

Élaboration du résumé : ai-je bien…

– sélectionné les informations à garder
(sans les exemples, sans les répétitions) oui ☐ non ☐

– formulé le thème du problème oui ☐ non ☐

– mis en évidence la progression du texte oui ☐ non ☐

– formulé les points de départ et d'arrivée du propos
de l'auteur oui ☐ non ☐

– rédigé un nombre de mots convenable,
avec les suppressions et économies nécessaires oui ☐ non ☐

Rédaction : ai-je bien écrit...

    – des phrases, des paragraphes clairs et corrects   oui ☐   non ☐

    – un résumé bien articulé, avec des mots-outils éclairant
       la progression   oui ☐   non ☐

    – le décompte juste des mots après chaque phrase
       et le total final   oui ☐   non ☐

> Des paragraphes clairs et corrects sont la preuve que vous avez bien su lire, comprendre, sélectionner... et exprimer l'essentiel. C'est pourquoi, dès que vous voyez des insuffisances dans les premiers items (la compréhension du texte), alors, il vaut mieux retourner à ce texte et relire. En effet, votre devoir portera les conséquences de cette imprécision de départ.

Test 3 : la note de synthèse

Répondez par oui ou par non à chaque point.

Lecture et compréhension du texte : ai-je bien repéré...

    – les auteurs, leur temps, leurs références,
       avec les coordinations et contradictions éventuelles   oui ☐   non ☐

    – le thème de l'ensemble des textes   oui ☐   non ☐

    – le problème d'ensemble posé   oui ☐   non ☐

    – le lieu et le temps dans les textes   oui ☐   non ☐

    – les particularités de chaque texte : thème, orientation
       du propos, nature du texte   oui ☐   non ☐

Élaboration de la note de synthèse : ai-je bien...

    – formulé le plan   oui ☐   non ☐

    – expliqué les mots-clés et le problème posé
       par les textes   oui ☐   non ☐

    – éclairé le point de vue des auteurs de chaque texte   oui ☐   non ☐

    – mis au jour les coordinations entre les textes
       et leur apport   oui ☐   non ☐

    – les points faibles ou contestables de tel ou tel texte,
       ou de l'ensemble   oui ☐   non ☐

Rédaction : ai-je bien écrit...

    – une introduction et une conclusion   oui ☐   non ☐

    – des phrases d'annonce et de transition   oui ☐   non ☐

    – des phrases, des paragraphes clairs et corrects   oui ☐   non ☐

> Là encore, si l'un des éléments du premier paragraphe (lecture et compréhension) vous est demeuré obscur ou incertain, il faut absolument reprendre le texte. Les deux items les plus importants sont :
> – le thème ;
> – le problème.
> Ils conditionnent la réussite de la note.

Test 4 : l'analyse de texte

Répondez par oui ou par non à chaque point.

Lecture et compréhension du texte : ai-je bien repéré...

    – l'auteur, son temps, ses références   oui ☐   non ☐

    – le thème   oui ☐   non ☐

    – le problème posé   oui ☐   non ☐

    – le lieu et le temps dans le texte   oui ☐   non ☐

    – la progression thématique (idées secondaires, exemples...)   oui ☐   non ☐

Élaboration de la réponse aux questions : ai-je bien...

• pour la question de compréhension générale :

    – fait un plan   oui ☐   non ☐

    – défini un thème   oui ☐   non ☐

    – problématisé mon devoir   oui ☐   non ☐

    – produit une argumentation aboutie   oui ☐   non ☐

- pour les questions de définition de termes :
  - les situer — oui ☐ non ☐
  - dire leur sens — oui ☐ non ☐
  - préciser leur application — oui ☐ non ☐
- pour les questions d'explication d'une phrase :
  - la situer — oui ☐ non ☐
  - dire le sens des mots-clés — oui ☐ non ☐
  - reformuler son sens — oui ☐ non ☐
  - éclairer le point de vue de l'auteur — oui ☐ non ☐
- pour la question « donnez votre avis » :
  - ai-je formulé un avis étayé (et non une émotion) — oui ☐ non ☐
  - ai-je relié cet avis au texte — oui ☐ non ☐

Rédaction : ai-je bien écrit...
  - des phrases claires et correctes... — oui ☐ non ☐
  - avec une orthographe vérifiée... — oui ☐ non ☐
  - pour un message complet, en réponse à chaque question — oui ☐ non ☐

Les critères essentiels sont la fidélité à l'auteur et au texte, avec son corollaire : la qualité de la transmission au lecteur.

Lexique des opérations intellectuelles

Depuis *abréger* jusqu'à *vérifier*, il s'agit de bien comprendre les opérations que vous devez réaliser en étudiant, expliquant, analysant (ou éventuellement en commentant un texte), et en préparant un résumé dans le cadre des épreuves de français ou de culture générale.

L'objectif de ce lexique est double :

- vous être utile pour tous vos travaux intellectuels, personnels, universitaires ou professionnels, et pour les diverses épreuves de vos concours ;
- appeler votre attention sur les caractères spécifiques de chaque épreuve (éventuellement sur les contradictions d'une épreuve à l'autre, sur les confusions possibles ou erreurs à ne pas faire : par exemple, bien différencier résumé et commentaire de texte).

Nous avons pour cela analysé les annales de plusieurs dizaines de concours d'entrée. Voici les mots qui reviennent le plus souvent dans le libellé des épreuves sur textes, auxquels nous avons ajouté les verbes qui correspondent aux opérations que vous devez réaliser pour réussir, au cours de votre préparation et bien sûr le jour J.

Abréger : diminuer le volume d'un texte tout en en conservant le sens. Cette opération peut s'appliquer à une phrase, ou à un paragraphe, ou sur un texte entier (c'est l'esprit des épreuves de résumé ou contraction de texte). Cette opération s'applique notamment aux documents d'études ou d'information contenus dans vos dossiers ou documents d'études. Elle peut s'appliquer aussi aux textes législatifs et réglementaires, et plus généralement à tous les textes que vous devez mémoriser.

Analyser : décomposer une œuvre, un texte, afin de dégager les éléments essentiels, de saisir leurs rapports, et d'en présenter un schéma d'ensemble. Le mot peut aussi s'appliquer à la pensée d'un auteur, ou à un ensemble de pensées. Ou à des informations ou aux dispositions des textes législatifs et réglementaires.

- L'analyse du texte est un élément capital dans la phase préparatoire de votre résumé.

Appliquer : utiliser une méthode, une règle ou une proposition en l'adaptant à un cas particulier. Rendre la pensée d'un auteur, éventuellement la reformuler, et vérifier son application à des situations nouvelles. En commentant un texte ancien, il faut toujours penser à examiner dans quelle mesure la pensée de l'auteur s'applique encore aujourd'hui.

Argumenter : raisonner de manière à approuver ou réfuter une proposition en apportant des preuves évidentes, ou tout au moins des exemples probants (voir aussi justifier).

- Dans le résumé d'un article ou d'une thèse, il vous faut reprendre avec soin l'argumentation de l'auteur (c'est la clé pour obtenir la moyenne, ou des points de bonification).

Barrer (ou **rayer**) : opération élémentaire au cours de votre travail préparatoire (barrer les paragraphes sans grand intérêt, ou hors sujet principal), ou dans la phase de contraction et de mise au point du texte définitif (rayer les mots inutiles). Sur le plan pratique, nous recommandons d'utiliser un crayon léger, ce qui vous permettra de rectifier facilement.

Commenter : expliquer les idées d'un texte, parfois en précisant ou illustrant simplement les pensées de l'auteur, mais éventuellement aussi en apportant un jugement personnel.

- Attention pour les épreuves de note administrative : il ne faut vous lancer dans un commentaire personnel que si le jury vous y a expressément invité. Sinon il faut absolument vous en abstenir : la production de commentaires personnels est contraire à l'esprit de l'épreuve, et peut entraîner une note éliminatoire.
- Certaines épreuves juridiques impliquent expressément des commentaires : par exemple, l'étude de dossiers de jurisprudence, avec des commentaires d'arrêt. Il s'agit alors d'épreuves classiques, qui sont de très longue date codifiées dans les facultés de Droit.

■ Le commentaire est à exclure totalement dans une épreuve de résumé. Ce serait même un facteur de note éliminatoire immédiate. Toutefois, dans certains concours des catégories A, B, ou C, le jury peut poser une série de questions pouvant impliquer des commentaires. Une recommandation pour l'ensemble des épreuves composites : attention à bien distinguer les diverses parties de ces épreuves. Ne commettez pas de confusion de fond ou de tactique. Par exemple, si vous devez effectuer un résumé suivi d'un commentaire, le résumé sera soumis à des règles très strictes, tandis que le commentaire pourra être plus libre, à la fois quant au fond (contenu) et dans la forme (rédaction, style, nombre de mots).

Comparer : rapprocher deux ou plusieurs idées, de manière à comprendre leur sens, à mettre en valeur leurs similitudes ou leurs différences, et à en dégager les enseignements. Le terme peut s'appliquer aussi à la comparaison de diverses entités, objets, ensembles de textes, à des institutions, ou encore à des procédures.

■ Lorsque des éléments de comparaison internationale figurent dans votre dossier, il sera souvent intéressant de les reprendre, surtout si c'est à l'appui d'une démonstration.

■ En technique de résumé de texte : effectuer des comparaisons peut permettre de rapprocher divers paragraphes du document de base, et donc d'économiser des mots.

Contracter : réduire le volume d'un texte, en respectant les structures et les proportions de son développement. La « contraction de texte » était une épreuve de beaucoup de concours de l'Administration au siècle précédent. Mais les jurys, comme les règlements des concours, emploient maintenant de préférence le mot « résumé ».

Critiquer : faire l'examen d'un texte, d'une pensée ou d'une proposition, afin de dégager ses qualités et ses défauts. Dans le langage courant, le mot s'emploie plutôt au sens négatif (porter un jugement défavorable, montrer les inconvénients, réfuter les arguments). Dans les concours, comme dans la vie administrative, la critique doit être objective.

■ Dans les épreuves de note administrative, la critique est utile au stade de la préparation. Mais attention au stade de la rédaction de votre note : la critique ne doit intervenir à titre principal que si le jury vous y a expressément invité, ou si elle s'impose logiquement de façon absolue (par exemple, critique des solutions à écarter, ou reprise de critiques figurant de façon substantielle dans les divers documents de votre dossier).

- Dans le résumé de texte, toute critique doit être strictement exclue, de même que tout commentaire personnel. Par contre, certains documents peuvent comporter à la fois l'exposé d'idées ou doctrines ou procédures, et la critique de ces éléments, effectuée par l'auteur. Dans ce cas, il vous faut reprendre de façon mesurée à la fois les éléments exposés et les critiques effectuées par l'auteur.

Déduire : arriver à une conclusion, à titre de conséquence, grâce à un *raisonnement* fondé sur des règles logiques (voir antonyme *induire).*

- La solution administrative et juridique se déduit d'une étude comparative des textes en vigueur, ou des instructions qui vous sont données. Ou encore de l'étude de la jurisprudence.

Définir : donner le sens ou les différents caractères d'une notion au moyen de termes précis. Il est bon de compléter une définition en l'illustrant par des exemples précis. Une définition rigoureuse s'impose toujours sur le plan pédagogique. La définition de plusieurs termes connexes s'imposera souvent pour des motifs pédagogiques. Bien expliquer au destinataire les éléments essentiels, lui présenter de façon précise les notions clés.

- Lors d'une épreuve de résumé, il faut reprendre de façon brève les définitions essentielles données par l'auteur (ou celles des textes administratifs et juridiques).

Dégager : isoler une idée (ou un principe, ou une prise de position) d'un texte, afin de la mettre en valeur et de l'expliquer. Le jury peut vous demander de « dégager le sens », ou « dégager les idées essentielles d'un texte », ou encore de « dégager les traits d'une procédure ».

- L'épreuve de résumé consiste à bien dégager les éléments essentiels du texte de base.

Démontrer : construire un raisonnement rigoureux et logique afin de démontrer, prouver la vérité d'une proposition (cf. argumenter).

- Dans l'idéal, votre résumé doit être aussi démonstratif que le document de base lui-même. Votre objectif : concentrer au mieux la force des arguments de l'auteur.

Discuter : présenter des arguments pour ou contre une proposition ou un principe, afin de prouver leur véracité et les défendre, ou les critiquer (et en utilisant des exemples précis pour les illustrer).

- Lorsque votre dossier présente les éléments d'un débat (exemple : le compte rendu d'un conseil ou d'une instance consultative), il vous faudra souvent en reprendre les grandes lignes, de façon synthétique. Et notamment les arguments employés pour représenter les principales positions en jeu.

- À propos du résumé de texte, il s'agit de reprendre les éléments essentiels de la discussion dans le document de base, mais surtout pas de vous engager vous-même dans la discussion des idées de l'auteur.

Donner (son avis) : lors des épreuves d'analyse ou commentaire, ou à l'occasion d'une question suivant un résumé, le jury vous demandera souvent de donner votre avis, ou exprimer votre opinion personnelle sur une question. Cette opinion doit bien entendu être mesurée et parfaitement justifiée. Même si le libellé du sujet comporte les mots « avis » ou « opinion », ou encore « recommandations personnelles », vous devez rester parfaitement objectif.

- Rappelons encore une fois que vous n'avez pas à donner un avis personnel au cours du résumé lui-même.

Esquisser : ébaucher les grandes lignes du plan d'un texte ou les principaux points d'un ensemble d'idées ou d'un raisonnement. Le jury peut aussi vous demander de « dessiner un portrait » (cas pratique, en procédure de recrutement), ou de « dessiner les grandes lignes » (d'une réforme, ou d'une procédure à engager). Le mot « esquisser » est très souvent employé à titre de précaution. Il peut marquer, par exemple, que c'est une solution qui se dessine, mais qu'il ne faut probablement pas chercher à l'imposer de façon impérative.

Étudier : chercher à comprendre le sens d'un texte ou d'un dossier, grâce à une analyse, et, le cas échéant, à une critique.

Examiner : étudier très attentivement. Peser le pour et le contre. Synonymes : apprécier, critiquer, estimer, évaluer, juger. Il convient d'examiner de façon approfondie les *données d'un problème* et ses *implications* avant de proposer des *solutions* (exemple de formule à utiliser pour les annonces de plan).

Illustrer : donner un *exemple démonstratif* afin d'expliquer ou mettre en valeur une idée ou une proposition. Le jury peut vous demander d'illustrer une pensée, une idée, une thèse ou une notion par des exemples précis.

- Les « illustrations » ne doivent pas être trop nombreuses dans vos diverses copies (sinon vous allez tomber dans le « délayage »). Ne retenir que les faits et les exemples indispensables à l'appui d'une thèse ou démonstration, ou encore ceux qui sont vraiment utiles pour éclairer le public ou vos lecteurs.

- L'illustration peut avoir une valeur pédagogique. Elle est souvent indispensable si vous devez rédiger, par exemple, un document d'information destiné au public (ou effectuer des travaux préparatoires à la rédaction de ce document).
- Lors d'un résumé, il vous faut appliquer deux principes : ne jamais introduire d'illustration personnelle, et ne retenir des illustrations données dans le document de base que celles qui sont absolument indispensables quant au fond (par exemple, à l'appui de la thèse soutenue).

Induire : trouver par induction, c'est-à-dire par l'opération mentale qui consiste à remonter des faits à la loi, ou d'une série de cas particuliers à une proposition plus générale. Si dans un texte se trouvent des séries de faits et d'exemples, le jury peut vous demander quelles règles générales devraient en être tirées.

Interpréter : expliquer un texte en rendant clair ce qui est caché ou obscur, et en développant et illustrant des idées que l'auteur a seulement suggérées.

- Dans les épreuves juridiques de haut niveau, les candidats peuvent avoir à interpréter à la fois les textes, la doctrine et la jurisprudence.

Juger : donner son opinion sur un texte, une idée ou une proposition, après en avoir effectué la critique.

- À cet égard, deux principes s'imposent pour l'épreuve de résumé de texte : bien reproduire, sous forme contractée les jugements essentiels figurant dans le texte de base, mais ne jamais porter de jugement personnel.

Justifier : c'est un mot-clé qui apparaît souvent dans les épreuves composites : analyse, commentaire ou résumé suivi de questions. À l'occasion d'une ou plusieurs questions posées d'après le document de base, le jury vous demandera souvent de justifier un avis, une idée ou une proposition. Nombreux synonymes : confirmer, démontrer, motiver, prouver, vérifier. Il s'agit de trouver des arguments et des exemples à l'appui de la pensée de l'auteur.

- À l'oral (conversation avec le jury, épreuves techniques, entretiens professionnels), le jury vous demandera souvent de vous justifier. Vous vous exécuterez avec fermeté et avec courtoisie, mais sans tomber dans l'opiniâtreté (surtout si vous avez énoncé un jugement manifestement erroné… et difficile à justifier !).

Mettre en parallèle : établir une relation entre deux idées, deux procédures ou deux institutions, afin de mieux dégager leurs ressemblances, leurs différences ou leurs rapports. Ensuite, éventuellement, effectuer des choix, proposer des solutions ou des mesures.

- À utiliser particulièrement dans les épreuves de discussion (oral), de note administrative, ou de cas pratique.
- Lors d'un résumé de texte, il faut reprendre les parallèles (explicites ou implicites) du document de base, en veillant à économiser le maximum de mots.

Mettre en rapport : rechercher les liens qui unissent deux idées ou deux propositions, de manière à en tirer un enseignement ou une conclusion. D'autres synonymes peuvent être employés, par exemple « relier ».

- En résumé de texte, cette technique de travail intellectuel vous permettra de bien reprendre des idées essentielles, tout en économisant le maximum de mots.

Montrer : mettre en évidence, en apportant des preuves, un fait précis, une idée donnée, ou un ensemble de faits et d'idées. C'est ainsi que la contraction de texte peut avoir une pleine efficacité.

Préciser : exprimer ou présenter de façon plus précise, plus claire, plus compréhensible. Le jury vous demandera souvent de préciser une pensée du législateur, ou d'une autorité, ou de l'auteur d'un texte administratif ou réglementaire, ou un élément du texte. Ou de préciser une définition. À vous alors d'en donner la précision avec la plus grande courtoisie ; à l'oral, au cours de la conversation, vous pouvez aussi proposer au jury de lui fournir des exemples précis.

- Lors d'un résumé, vous aurez souvent à reprendre expressément ce que l'auteur a tenu à préciser.

Prouver : c'est démontrer, établir de façon sûre, par un raisonnement logique assuré, ou par une justification concrète avérée, la véracité d'un fait ou d'une proposition. Étudier plus particulièrement la notion de preuve dans le domaine scientifique (mathématiques ou sciences expérimentales), et en droit pénal.

Rédiger : écrire selon les formules habituellement prescrites. Les candidats aux concours, externes et surtout internes, doivent bien connaître les principes et les formules de la rédaction administrative.

- Les épreuves de résumé ou contraction de texte ont leurs techniques propres de rédaction, qui tendent à économiser le maximum de mots.

Réduire : ramener un texte à une rédaction plus simple, plus condensée, moins volumineuse, et donc en principe plus abordable.

Résumer : présenter un texte sous une forme plus brève, par l'élimination des éléments inutiles ou secondaires, et par le choix d'un style plus concis, plus dépouillé.

- Le résumé de texte est une épreuve spécifique des concours. Mais le jury peut aussi vous demander de produire un petit résumé dans le cadre d'une épreuve d'analyse ou de commentaire de texte.
- Certains éléments du dossier doivent être résumés au sein de votre note administrative (mais celle-ci ne doit pas être la simple juxtaposition de résumés des textes du dossier).

Synthétiser : rassembler les divers éléments d'un raisonnement ou d'un texte, ou d'un ensemble de textes, en un tout cohérent, permettant d'arriver à une conclusion.

- C'est une opération intellectuelle fondamentale dans les épreuves de résumé ou de note administrative.

Témoigner : lors des épreuves composites, le jury peut vous demander d'apporter votre témoignage personnel sur divers événements ou divers phénomènes (anciens ou d'actualité). Ou d'analyser des témoignages fournis au sein d'un dossier, et d'en tirer des conclusions.

- En rédigeant un résumé, vous ne devez jamais introduire de témoignage personnel. Mais vous devez reprendre de façon brève et synthétique les témoignages apportés par l'auteur dans un article, ou ceux qui sont formulés au cours d'un entretien.

Traduire : exprimer une idée sous une autre forme, de manière à la mettre en valeur dans un exposé ou dans un raisonnement. Le jury peut vous demander, à propos d'une phrase ou d'un paragraphe, de « traduire la pensée de l'auteur ».

Transcrire : recopier ou reprendre de manière absolument exacte. Exemple : une citation doit être transcrite. Lors des examens et concours, les candidats ne doivent pas oublier de transcrire le libellé de l'épreuve et l'intitulé du sujet en tête de toutes leurs copies.

Transposer : faire passer et adapter une notion à un domaine différent dans l'espace ou dans le temps. Par exemple, le jury peut vous demander de transposer les réflexions d'un auteur ancien à notre époque (transposition temporelle). Ou de transposer à la France une réflexion s'appliquant à l'Amérique ou à l'Europe (transposition spatiale ou géographique).

Vérifier : examiner, contrôler, montrer la valeur d'une hypothèse ou d'une opinion. Par exemple, le jury peut vous demander de vérifier si un jugement porté par un auteur ancien ou du siècle dernier est encore valable de nos jours.

Index

Le numéro indiqué envoie à la fiche correspondante

Corrigés des exercices d'entraînement proposés dans les fiches

Fiche 1

Première rencontre avec un texte d'épreuve

- Hubert Védrine, *Rapport au président de la République sur la mondialisation* (extrait, août 2007) (▶ p. 5).

Ce texte a un but, convaincre de quelque chose : l'importance de la capacité à analyser... « vitale ».

L'auteur est un ancien ministre (des Affaires étrangères).

Il s'adresse au président de la République, aux politiques, et à tout le monde, puisque ce rapport est publié.

Il parle d'un thème, la mondialisation (titre et début de texte).

Le problème posé est celui de l'interdépendance généralisée générée par la mondialisation : on ne peut plus décider tout seul, ni faire comme si on était tout seul, et le fait que cette interdépendance soit « non maîtrisée ».

Mais qui est « on » ? Les États (192 États de l'ONU) ? Des « acteurs multilatéraux ou non étatiques » (organisations supranationales comme l'Union européenne, ONG, associations...) ?

D'où la conclusion : analyser pour anticiper et bien négocier.

Et vous ?

Aviez-vous repéré tout cela ? Sans doute, ou une partie au moins.

Il faut bien entendu se demander ce qu'est « la mondialisation ». Pour cela, deux moyens :

– la réflexion accompagnée de quelques mots au brouillon ;
– la recherche documentaire pour contrôler et préciser la définition ébauchée.

Fiche 3

S'entraîner

• Dans les textes A et B, repérez les mots-clés et données de temps/d'espace dans le texte, puis redites ce que vous avez lu (▶ p. 14).

Texte A – Le sida

Vous avez dû repérer et souligner les mots suivants : sida, Chine, Russie, Afrique, sans soins, pauvreté, espérance de vie, flux migratoires, soins.

Et vous pouvez redire ainsi :

Les faits (quoi ? Où ? Quand ?) : le sida explose dans les pays du Sud et en Chine, où il est peu ou mal soigné.

Les conséquences (et donc ?) : mortalité, orphelins, rejet des populations, baisse de l'espérance de vie, migrations vers le Nord.

Texte B – Le vieillissement de la population

Vous avez dû repérer et souligner les expressions ou mots suivants : vieillissement de la population, interrogations (retraites, santé, emploi), immigration, États occidentaux, Europe, France, Chine, Japon, pays du Sud, ainsi que des chiffres : pourcentage des plus de 60 ans aujourd'hui et en 2040, pourcentage des jeunes dans les pays du Sud.

Et vous pouvez redire ainsi :

Les faits (quoi ? Où ? Quand ?) : les pays développés, dont l'Europe, vieillissent, tandis que les pays du Sud ont beaucoup de jeunes.

Les conséquences (et donc ?) : les pays du Nord vont connaître une crise démographique, avec sans doute des retombées économiques. Faut-il favoriser l'immigration ? Mais les pays du Sud, dans le même temps, ont des problèmes d'encadrement et de formation de ces jeunes. Du côté de la Chine, les politiques natalistes vont revenir à l'honneur.

Fiche 4

S'entraîner

- Lisez ces quatre textes et pour chacun, essayez de répondre aux questions posées. Puis essayez de déterminer quel est le point commun entre ces deux textes et les deux textes présentés dans la fiche n° 3 : le sida, le vieillissement de la population (▶ p. 18).

Le dénominateur commun à ces textes est la démographie et le développement :

  - France, pays qui vieillit ;
  - les âges de la vie (jeunes/vieux) et l'espérance de vie.

Les différences :

  - Espace : les textes A et B (fiche 3) se situent dans le monde, en particulier Afrique, Asie, Amérique du sud, pays du Nord ; les deux textes de la présente fiche se situent en France (on le voit à l'adjectif « française » dans le texte de R. Rémond, et à l'auteur, la CNAV, institution française, dans le texte suivant). Attention, donc, les lieux ou le temps peuvent se marquer de façons variées.
  - Temps : dans les textes de la présente fiche, on se situe dans la longue durée (R. Rémond) et « actuellement » (texte de la CNAV ; dans les textes de la fiche 3, il y a des comparaisons (1990/2005 ; XVIIIe siècle/aujourd'hui).

Thèmes traités (du plus central au plus périphérique) et problématique émergente :

  - la population dans le monde : évolution démographique, constats différenciés ;
  - les conséquences problématiques de cette évolution.

- Développez ce plan en deux parties (▶ p. 20).

I. Les constats

1. Vieillissement de la population mondiale (certains pays surtout) (texte B).
2. Explosion de la jeunesse (certains pays) (texte B).
3. Maladie telle que le sida, engendrant des orphelins, une ségrégation liée aux inégalités et aux graves carences de soins (texte A).

II. Les conséquences

1. Financement des retraites (pays développés comme la France) et conditions de vie des personnes âgées.
2. Éducation, insertion et accès à l'emploi des jeunes de certains pays, y compris la France (textes B et D).
3. Flux migratoires aujourd'hui et demain, vers les villes et/ou vers les pays développés du Nord : pour l'éducation, les soins (textes A et B).
4. Solidarités entre générations (cas de la France, texte C sur la longue durée, et texte D sur le temps présent).

Fiche 8

S'entraîner

• Exercice proposé : contracter le texte D de moitié (▶ p. 42).

Aujourd'hui en France, l'entraide familiale entre générations est fréquente, elle se réalise en transferts d'argent à double sens entre générations ou en prestation de services. [27 mots]

Mais les familles pauvres ont des possibilités limitées. [8 mots]
(sous-total : 35 mots)

Globalement on constate pourtant une réduction des inégalités inter-générations, renforçant les effets des mécanismes sociaux de redistribution. [18 mots]
(total : 56 mots)

Fiche 14

S'entraîner

• Trouver dix mots manquants et dix fautes d'orthographe dans le *Discours sur l'inégalité d'éducation* (▶ p. 67).

Mots manquants : ligne 2 : quel ; ligne 2 : siècle ; ligne 3 : privilèges ; ligne 5 : moins ; ligne 7 : inégalités ; ligne 10 : honneur ; ligne 11 : députés ; ligne 14 : morale ; ligne 17 : naissance ; ligne 20 : démocratie.

Fautes : ligne 4 : assurément ; ligne 5 : à coup sûr ; ligne 6 : sacrifices ; ligne 9 : c'est ; ligne 9 : devons ; ligne 11 : serment ; ligne 12 : nécessités ; ligne 16 : criants ; ligne 17 : hasard ; ligne 18 : théorique.

- Trouver dix mots manquants, dix mots mal orthographiés et dix mots erronés dans cet extrait de la Déclaration des droits de l'Homme et du Citoyen (▶ p. 69).

Mots manquants : ligne 1 : peuple ; ligne 5 : Homme ; ligne 7 : devoirs ; ligne 13 : Citoyen ; ligne 15 : être ; ligne 19 : 3 ; ligne 19 : dans ; ligne 25 : nuit ; ligne 27 : loi ; ligne 32 : égaux.

Fautes : ligne 1 : constitués ; ligne 3 : publics ; ligne 4 : solennelle ; ligne 12 : reconnaît ; ligne 14 : égaux ; ligne 18 : oppression ; ligne 19 : souveraineté ; ligne 24 : assurent ; ligne 28 : qu'elle ; ligne 31 : protège.

Mots erronés : ligne 4 : déclaration ; ligne 10 : incontestables ; ligne 11 : bonheur ; ligne 15 : utilité ; ligne 16 : conservation ; ligne 18 : propriété ; ligne 20 : autorité ; ligne 25 : déterminées ; ligne 26 : défendre ; ligne 29 : générale.

Fiche 16

Travail sur le texte *La crise du livre et de la culture*

- Plan du texte (▶ p. 79)

L'auteur expose et dénonce successivement :

- la crise de la culture dans la société moderne ;
- la situation difficile des artistes ;
- la profusion des publications, et surtout des publications de bas niveau culturel ;
- notre impuissance devant la crise de la lecture.

- Résumé du texte

La culture est en péril. Beaucoup se perd malgré l'extension, l'évolution très rapide de la diffusion des productions artistiques. L'artiste peine, soigne ses œuvres ; mais dans notre époque futile, il en est mal payé, faute d'attention de la part du public.

Nous sommes harcelés de publications diverses, incohérentes, avilissantes pour l'esprit. L'homme qui a un emploi et ne peut consacrer qu'une heure par jour à la lecture, ne lira rien de bon. Il est fatalement perdu pour le livre.

NB : ce premier travail peut constituer l'introduction générale de votre commentaire. Il vous faut ensuite présenter très clairement le thème essentiel à discuter et annoncer de façon précise le plan de votre discussion.

• Discussion du thème essentiel

Paul Valéry, dans *Regards sur le monde actuel*, estime que, dans notre civilisation, l'homme qui gagne sa vie est fatalement « perdu pour le livre ».

Ce propos pessimiste repose sur des arguments manifestement exacts. Mais une meilleure organisation des loisirs devrait permettre de porter remède à cette situation.

I. La crise du livre et de la lecture est dénoncée depuis longtemps dans notre pays. Des facteurs nouveaux risquent de l'aggraver au détriment des travailleurs.

Paul Valéry dénonce deux facteurs de la crise du livre : la réduction du temps disponible, et l'accroissement de la concurrence à l'encontre du livre.

L'homme qui travaille ne dispose que d'une heure par jour à consacrer à la lecture. Cette heure est consacrée, non pas au livre, mais à la lecture du journal ou des faits divers.

Depuis cinquante ans, la durée hebdomadaire du travail s'est considérablement réduite, mais le temps disponible ne s'est pas nécessairement accru pour les travailleurs. Beaucoup souffrent au contraire d'un allongement excessif de la durée des transports.

Le livre, qui souffrait de la concurrence de la presse ou des publications médiocres, doit maintenant en affronter une beaucoup plus redoutable, celle de l'audiovisuel : la radio, le cinéma, Internet et surtout la télévision.

En outre, du fait de l'augmentation du prix du papier et des coûts de la distribution, le livre est devenu plus onéreux.

Conclusion première partie : la « crise du livre » est donc dénoncée de nos jours encore plus fréquemment que du temps de Valéry.

Transition vers la deuxième partie : ce pessimisme doit toutefois être nuancé. La situation peut être améliorée par une meilleure organisation des loisirs, ainsi que par d'autres actions générales.

II. Paul Valéry avait pensé au loisir quotidien en lui attribuant une heure. Il conviendrait d'abord, si l'on s'en tient à ce chiffre, de bien utiliser cette heure.

Mais il est évidemment indispensable de tenir compte de l'évolution de la société depuis les années 1930 : le repos hebdomadaire est passé à deux jours par semaine, voire même trois jours avec la mise en œuvre des 35 heures. Il faut aussi mentionner l'institution et le développement des congés annuels. Ceux-ci sont passés de quinze jours (Front populaire) à un mois et demi en moyenne pour la plupart des salariés, certaines professions bénéficiant d'un régime plus favorable (fonctionnaires, enseignants, grandes entreprises).

Il convient alors de réserver à la lecture une part plus importante dans ces loisirs. Les bibliothèques doivent être développées par les municipalités, les associations culturelles et même les entreprises. La télévision, qui reste une concurrente redoutable, pourrait consacrer davantage d'émissions à la littérature, inciter à lire plus, et conseiller dans le choix des livres. Il faut mentionner aussi une nouvelle forme de lecture : celle des banques de données informatisées.

C'est surtout dès l'école qu'il convient de développer le goût pour la lecture. Une fois celui-ci acquis, l'homme pourra mieux se réserver le temps de lire, et sera en mesure de revendiquer une organisation sociale plus propice au développement culturel.

S'entraîner

Réponses aux questions posées par le jury (▶ p. 81).

• Quel est le destin du livre face aux moyens audiovisuels ? »

Vous devez produire une réponse *démonstrative*, et non simplement descriptive. Le jury vous accordera en effet la note maximale si votre réponse est bien structurée.

Chaque partie doit correspondre à l'une des affirmations principales de votre thèse. Les sous-parties apportent des arguments à l'appui de chaque affirmation.

– Première affirmation : les moyens audiovisuels risquent de supplanter rapidement le livre, et ce pour deux raisons :

■ les moyens audiovisuels se développent avec une grande rapidité (argument n° 1, d'aspect quantitatif) ;

■ leur impact est à la fois immédiat et profond (argument n° 2, d'aspect qualitatif).

- Deuxième affirmation : le livre demeure cependant d'une importance capitale pour la culture aujourd'hui, et ce pour deux raisons :
  - le document écrit reste irremplaçable pour la conservation et l'utilisation d'une grande masse d'informations (argument n° 1, d'aspect quantitatif) ;
  - il assure mieux la réflexion, la confrontation des idées, l'affinement du jugement (argument n° 2, d'aspect qualitatif).
- Illustrations possibles : citez les livres qui vous ont le plus marqué. Ce peut être une façon d'inciter le jury à vous demander de parler ensuite de vos livres préférés… vous avez ainsi une chance de poursuivre la conversation sur un « terrain sûr ».

• Pouvez-vous nous parler de vos lectures ?

Nous ne pouvons évidemment pas donner de réponse-type à une telle question. Il vous faut produire une réponse personnelle…

En tout état de cause, votre réponse doit être substantielle et bien structurée. Par exemple, et cela vaut notamment pour les candidats qui préparent des concours internes, vous pouvez distinguer :

- les lectures personnelles ;
- les lectures à objectif professionnel.

Dans bien des cas, les deux préoccupations, personnelles et professionnelles, peuvent se recouper. Par exemple, la lecture d'un journal comme *Le Monde*, tout en étant personnelle, a un intérêt professionnel direct pour beaucoup de ses lecteurs.

Il en va de même de journaux, revues et ouvrages portant sur les problèmes économiques ou sociaux pour les fonctionnaires des administrations économiques ou sociales, pour les cadres ou les dirigeants d'entreprises.

Réussir ?

Tout s'est bien passé pour vous ?

Pensez que vous ne pouvez pas tout réussir d'un seul coup en même temps, donc ne vous dévalorisez pas et ne vous énervez pas non plus.

Avancez, et puis vous reviendrez plus tard sur ce qui reste à acquérir.

Fiche 18

Exercice d'application

Voici le travail effectué par un (bon) candidat.

- Titre proposé : La civilisation de l'image

- Résumé du texte

La prédominance de l'utilisation des facultés visuelles a fait naître le terme de « civilisation de l'image ». La librairie, la presse font appel à notre vue. Huizinga, dans *Le Déclin du Moyen Âge*, notait cette même caractéristique, mais, à l'époque, elle était fondée sur la recherche de couleurs et de lumière. (Un attrait pour les formes est plus marqué actuellement).

Affiche, cinéma, télévision sont nés récemment, et exercent une grande influence sur le public. Le succès des bandes dessinées, des périodiques illustrés, des ouvrages où la photographie permet une ouverture sur le monde et sur l'art, témoignant d'un attrait irréversible pour l'espace.

Chacun de nous vit dans un monde « dont la vue semble la clé ». Les conceptions et sentiments de l'espace sont parfois divergents mais un consensus se dégage : tous les milieux sont touchés par le phénomène de « l'espace vu ». Les couches les moins motivées de la société sont informées des réalisations les plus variées et imprégnées des événements proches ou lointains. Les origines de ce phénomène spatial sont anciennes, mais leur prodigieux développement est étonnant.

- Justification de l'expression « civilisation de l'image »

L'auteur justifie son expression « civilisation de l'image » en faisant appel à différents phénomènes :

  - le développement d'activités artistiques fondées sur l'image telles que l'affiche, le cinéma, la télévision ;
  - le succès croissant de la bande dessinée et des périodiques illustrés dans le domaine de la presse ;
  - le recours de plus en plus fréquent aux photographies dans les ouvrages les plus divers ;
  - l'appel au sens visuel dans de nombreuses actions de la vie quotidienne : consultation de cartes, de schémas, de croquis.

D'autres exemples peuvent en effet être cités pour témoigner de ce développement du rôle de l'image.

- l'engouement pour la photographie amateur. Bien rares sont les vacanciers qui partent sans leur appareil ;
- les jeux pour enfants et adultes font largement appel à l'image ; il suffit de voir le succès des ventes de puzzles ;
- la publicité se fonde sur des formules percutantes, mais aussi sur des images longuement étudiées ;
- la décoration des appartements, de notre environnement le plus familier ne se fait pas sans reproductions d'œuvres picturales, photographiques ou lithographiques.

Ainsi, nous pouvons considérer, avec G. Matoré, que l'image occupe une grande place dans notre civilisation.

- **La diffusion des reproductions d'œuvres d'art**

La technique moderne permet de faire connaître des œuvres d'art par les différents moyens que sont la photographie, la télévision, l'affiche, les commentaires de spécialistes ou d'amateurs.

Incontestablement, toute forme de connaissance est féconde. Dans le cas présent, deux raisons semblent devoir être exposées :

- d'une part, cette approche de l'art peut toucher des individus qui n'auraient jamais eu l'idée ou la possibilité de s'y intéresser, de voir les œuvres originales. Partout dans le monde, les musées renferment des trésors mais il n'est pas donné à tous de pouvoir se rendre sur place ;
- d'autre part, les reproductions peuvent constituer une excellente propédeutique pour ceux qui doivent par la suite se rendre sur les lieux de l'œuvre originale. Il est sûr que dans certains cas, la reproduction, qu'elle soit maquette, film ou photographie, ne remplacera jamais le contact direct avec l'original. C'est le cas notamment pour les sites architecturaux qui doivent être non seulement vus, mais en quelque sorte « vécus » pour être appréciés.

- **Notre époque n'est-elle qu'une civilisation de l'image ?**

L'image a pris, il est vrai, une grande place dans notre civilisation. Il faut cependant noter que les époques, les civilisations qui nous ont précédés accordaient une importance tout aussi capitale à la vue (cf. le privilège accordé au sens de la vue dans la tradition philosophique depuis Platon, et confronté par la science depuis l'invention du microscope).

Comment oublier les fresques égyptiennes si colorées, l'harmonie des sculptures grecques, l'esthétique de l'architecture romaine, les mosaïques byzantines ? Au Moyen Âge, la culture était essentiellement religieuse et elle n'était transmise réellement ni par la voie orale (la plupart des gens ignoraient le latin) ni par la voie écrite (les neuf dixièmes de la population étaient analphabètes), mais par l'image : peinture et sculpture (exemple : la valeur didactique des fresques et mosaïques dans les églises).

Aujourd'hui, la nouveauté vient d'un apport prodigieux des techniques, cinéma, photographie et reprographie. Mais on ne peut limiter notre civilisation à cela.

En ce qui concerne la faculté visuelle, il faut noter l'importance prise aujourd'hui par la lecture, tant pour instruire que pour distraire.

Le sens auditif est tout aussi capital. Sur le plan de la communication d'abord : le cinéma et la télévision lient le son et l'image. La radio, le téléphone sont tout autant que l'image un trait de notre civilisation. Sur le plan de la culture ensuite : les appareils tels que magnétophones et électrophones connaissent un succès croissant. L'engouement pour la musique classique ou moderne est un fait notable pour notre société.

Aussi à l'expression « civilisation de l'image », serait-il préférable de substituer celle de « civilisation de l'audiovisuel » qui inclut les différentes possibilités des facultés visuelles et auditives ainsi que la notion de technique moderne.

Commentaires du jury

- Le choix du titre

Le candidat a retenu un titre qui se trouve, en fait, entre guillemets, dans la première phrase du texte. C'est une solution de facilité, qui a cependant l'avantage de bien rendre compte de l'objet du texte. C'est pourquoi il sera parfaitement accepté par le jury.

Le titre choisi semble effectivement le plus simple et le plus adéquat. Il saute aux yeux dès la première lecture du texte, et le jury lui-même y revient dans les questions suivantes.

Voici quelques titres relevés dans d'autres copies, et qui nous ont semblé également acceptables :

- L'homme et l'image ;
- L'époque de l'image ;
- L'image, moyen de communication.

D'autres candidats ont cité – à tort, à notre avis – le titre de l'ouvrage lui-même, *L'espace humain*. C'est certes un beau titre, mais le jury attend sans doute un titre plus approprié à l'extrait qui vous est proposé. Attention donc à bien prendre en compte le texte lui-même.

- Le résumé

Le texte, et plus encore le résumé, posent un problème de compréhension, dans la mesure où l'auteur emploie beaucoup d'expression abstraites (exemple, dès la première ligne : « la prédominance des facultés visuelles »).

Il peut être bon de chercher à les remplacer par des expressions plus simples (exemple : « l'importance des phénomènes visuels »). Mais ce n'est pas toujours possible, et le jury ne vous sanctionnera pas si vous n'y parvenez pas. Au demeurant, il serait pire d'employer des expressions qui s'éloigneraient du texte.

- Les réponses aux questions

Le candidat a manifestement été intéressé par le texte et les questions posées.

Il a en outre une culture générale assez étendue, qu'il sait utiliser. Le candidat a raison de bien passer en revue le contenu du terme polysémique *image*.

Il a bien relevé les deux antonymes intéressants du mot « image » : d'une part ce qui est écrit, et d'autre part ce qui frappe le sens auditif.

Pourtant, l'ensemble de ses réponses aux questions pèche par trois défauts étroitement liés :

- elles sont trop développées. Si le jury précise « quinze lignes environ », il ne faut certainement pas dépasser trente lignes, comme c'est le cas pour la troisième question. Si vous « délayez » trop vos réponses à l'oral, le jury vous interrompra ;
- elles sont insuffisamment structurées. Il est excellent de donner des exemples, encore faut-il ne pas les asséner pêle-mêle ;
- l'argumentation est souvent un peu trop légère et parsemée d'affirmations non démontrées, voire discutables.

- Appréciation générale

Sous réserve des critiques précédentes, il est certain que, comparativement, cette copie se place à un bon niveau.

Cependant, le fait que le candidat fasse preuve de qualités certaines quant au fond peut rendre le jury plus exigeant et plus sévère envers les négligences de forme.

Cela se ressent particulièrement au niveau des développements, que l'on souhaiterait moins ambitieux et plus rigoureux.

Fiche 20

S'entraîner

- Les homonymes : trouvez dix mots dans ces phrases qui pourraient, dans un autre environnement, avec un autre sens, s'écrire différemment (▶ p. 95).

  Deux (de) ; cannes (cane) ; la (là, las) ; elle (aile, hèle) ; sans (sang, cent) ; à (a, as, ah) ; tout (tous, toux) ; au (eau, haut, aux, oh) ; gens (Jean) ; où (ou, houx, houe) ; vers (vert, vers, verre, vair) ; quels (quelle, qu'elle) ; dans (dent) ; bout (boue) ; pain (pin) ; oui (ouïe, ouies).

- Trouvez des expressions ou des mots pour remplacer ces mots ou expressions (▶ p. 96).

  Corrigé : a) abolir, interdire ; b) prolonger ; c) contraindre, influencer ; d) appliquer, effectuer, pratiquer ; e) régulariser ; f) informer.

- Trouvez dans chaque ligne le mot qui n'est pas correctement orthographié (▶ p. 96).

  Réponses : cdac (cime ; goitre ; chalet ; psychiatre).

Fiche 21

S'entraîner

- Lecture active du *Discours sur la langue française et les langues vivantes étrangères* (▶ p. 107).

  Ce texte expose successivement trois idées, une par paragraphe :
  - le langage articulé permet aux humains d'échanger de façon plus fine que les gestes ;
  - une langue vivante est un code social marquant une appartenance ;
  - la langue n'a pas seulement une fonction de communication sociale, elle permet aussi de penser.